Não é assim que a gente trabalha aqui!

Uma história sobre como as empresas
decolam, entram em queda livre —
e podem decolar de novo

John Kotter
Holger Rathgeber

Não é assim que a gente trabalha aqui!

Uma história sobre como as empresas decolam, entram em queda livre — e podem decolar de novo

Tradução
Guilherme Bernardo

1ª edição

Rio de Janeiro, 2016

CIP-BRASIL. CATALOGAÇÃO NA PUBLICAÇÃO
SINDICATO NACIONAL DOS EDITORES DE LIVROS, RJ

K88n

Kotter, John P., 1947-
  Não é assim que a gente trabalha aqui! / John Kotter, Holger Rathgeber ; tradução Guilherme Bernardo. - 1. ed. - Rio de Janeiro : Best*Seller*, 2016.

  Tradução de: That's Not How We Do It Here!
  ISBN 978-85-4650-004-8

  1. Sucesso nos negócios. 2. Sucesso. 3. Administração. 4. Desenvolvimento organizacional. I. Rathgeber, Holger. II. Título.

16-34568
CDD: 650.1
CDU: 65.011.4

Texto revisado segundo o novo Acordo Ortográfico da Língua Portuguesa.

Título original
THAT'S NOT HOW WE DO IT HERE!
Copyright © 2016 by John Kotter and Holger Rathgeber
Ilustrações de Kari Fry.
Copyright © 2016 by Kotter Associates.
Copyright da tradução © 2016 by Editora Best Seller Ltda.

Capa: Gabinete de Artes
Editoração eletrônica: Ilustrarte Design e Produção Editorial

Todos os direitos reservados. Proibida a reprodução,
no todo ou em parte, sem autorização prévia por escrito da editora,
sejam quais forem os meios empregados.

Direitos exclusivos de publicação em língua portuguesa para o Brasil
adquiridos pela
EDITORA BEST SELLER LTDA.
Rua Argentina, 171, parte, São Cristóvão
Rio de Janeiro, RJ — 20921-380
que se reserva a propriedade literária desta tradução

Impresso no Brasil

ISBN 978-85-4650-004-8

Seja um leitor preferencial Record.
Cadastre-se e receba informações sobre nossos lançamentos e nossas promoções.

Atendimento e venda direta ao leitor
mdireto@record.com.br ou (21) 2585-2002

Os abutres tinham passado de carniceiros a predadores. Ninguém sabia por quê. Essas terríveis, assustadoras e mortíferas criaturas provavelmente seriam o golpe de misericórdia que acabaria de vez com o clã de Matt.

Matt era um suricato — aqueles pequeninos animais africanos que os humanos acham fofos e cativantes. Matt, como qualquer suricato, tinha personalidade e habilidades muito peculiares. Ele sempre foi tímido e tendia a ser um tanto inflexível quando colocava uma ideia na cabeça, mas seu instinto natural de lealdade, o sorriso meigo, além de talentos sempre empregados para ajudar o grupo, o tornaram um membro muito querido. Costumava gostar da vida e, na maior parte do tempo, a vida retribuía esse sentimento.

Até que um dia...

Como a chuva parecia ter desaparecido, seu clã de criaturinhas felpudas logo ficou sem comida suficiente para todos. Pelo menos uma vez por dia, Matt comia menos que a porção reservada a ele para deixar um pouco para os mais novos, mais velhos e mais fracos. Porém, isso contribuía muito pouco para resolver o problema. O aumento do número de predadores era... — bem, Matt nunca tinha visto coisa igual. Alguns suricatos diziam que tudo estava interligado: menos chuva significava menos comida, o que levava a estranhas e imprevisíveis mudanças de comportamento por parte dos predadores. Mas quem saberia ao certo?

Eles pareciam não concordar quanto a uma grande ideia para solucionar os novos problemas (muito menos sobre algo que de fato pudessem colocar em prática). Para Matt e muitos outros, isso era incrivelmente frustrante. Para piorar tudo, dar conta das tarefas do dia a dia estava se tornando cada vez mais difícil.

Isso tudo ocorria apesar de Matt sempre incentivar novas e promissoras ideias. Ele tinha dois amigos muito criativos, Tanya e Ago, que bolaram um jeito viável de encontrar mais comida e desperdiçar menos, além de um método com potencial para identificar os predadores com mais antecedência. Mas a dupla de suricatos se deparou com um coro de "Não é assim que a gente trabalha aqui", uma reação que, dadas as circunstâncias, não fazia sentido algum. Matt tentou ajudar mostrando aos outros o quanto aquele argumento era ilógico. Conversou com suricatos dos quais era mais próximo, aqueles nascidos em ninhadas da mesma época que ele. Falou com o chefe de sua família. E não chegou a lugar algum.

Matt estava cansado demais. Como todos o respeitavam, um dos grandes líderes — um alfa — pediu a ele para tocar um projeto, e mais outro, e mais outro. A carga sobre suas costas só aumentava. Ele não lembrava em nada o tipo que andava por aí zangado com o mundo, fosse calado ou tagarela. No entanto, era assim que se comportava agora...

Um suricato bastante irritado.

Introdução

Essa história trata de assuntos importantes que quase todos nós enfrentamos atualmente: tudo muda o tempo todo. Esse fato pode se mostrar difícil de identificar ou de lidar de maneira adequada, e, quando não conseguimos evitar riscos, agarrar as oportunidades e produzir os resultados que valorizamos — aqueles que sabemos serem possíveis, já que algumas pessoas conseguem —, a vida pode se tornar bem desagradável.

Escolhemos uma fábula — história com um elenco completo de personagens, incluindo Matt — porque esse formato é capaz de abordar grandes temas fazendo com que muitas pessoas se identifiquem com eles. E os temas aqui são realmente grandes.

Para entender como podemos melhorar resultados, precisamos compreender com maior clareza de que modo as empresas decolam, por que, cedo ou tarde, elas costumam encontrar dificuldades, mesmo que tenham sido bem sucedidas até então, e por que podem entrar em queda livre. Precisamos entender claramente a forma como algumas delas decolam novamente e crescem, cumprem o seu propósito, criam ótimos empregos, serviços e patrimônios.

Nessas histórias, ajuda observarmos o papel que a disciplina, o planejamento, a confiança e a eficiência desempenham. Bem como o papel da paixão, da visão, do comprometimento, da rapidez, da agilidade e da cultura. E existe a questão "gerenciamento versus liderança" — que não é restrita a umas poucas pessoas sentadas em suas grandes salas com janelas.

Sim, sim, nós sabemos que isso tudo é um pouco demais para caber em um livro tão curto. E, sim, muitos outros já escreveram um bocado sobre essas questões, mas achamos que, nos dias de hoje, ainda resta muita neblina em torno de alguns detalhes fundamentais relacionados ao sucesso. Apenas quando começarmos a dissipar essa neblina é que teremos a chance de transformar os desafios e ameaças do século XXI em oportunidades realmente animadoras — para os nossos negócios, governos, organizações sem fins lucrativos e para nossas próprias vidas. Poderíamos falar o dia todo sobre as várias décadas de pesquisa que embasam esta história, mas uma discussão dessas aqui poderia estragar o objetivo de sermos concisos, provocantes, úteis e divertidos. Ao final do livro ofereceremos algumas ideias sobre os assuntos levantados ao longo da pesquisa e também da história. Por ora, apresentamos apenas o simples diagrama que você vê abaixo.

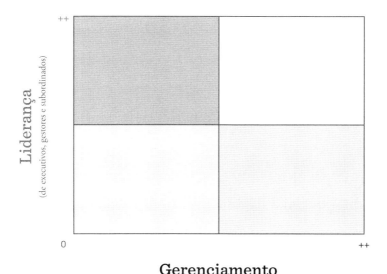

Ele tem muito a dizer sobre a ascensão, a queda, a possível recuperação das empresas, assim como sobre o que cada um de nós pode fazer para se tornar mais produtivo e feliz no trabalho. Vamos discutir tudo isso no fim do livro (e você perceberá a relevância de cada fragmento da nossa parábola).

Está bom por enquanto. Voltemos ao princípio da nossa história.

Capítulo 1

Era uma vez um clã de animais muito interessantes que os humanos denominavam suricatos. Eles viviam no Kalahari, uma extensão de terra quente e seca localizada no sul do continente africano.

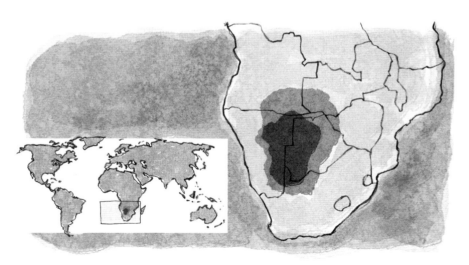

À primeira vista, o pedaço de terra que esses suricatos chamavam de lar se parecia com quase todas as outras áreas em volta. No entanto, graças a uma mistura de inteligência, trabalho duro, agilidade e um pouquinho de sorte, seus ancestrais encontraram um local como nenhum outro. Um incêndio florestal limpara o solo antes da sua chegada, criando um habitat praticamente perfeito. O fogo afugentou muitos predadores, e havia uma quantidade abundante de alimento que consistia, principalmente, em escorpiões, insetos crocantes, minhocas, ovos e, de vez em quando, frutas.

O clã começou com uma dúzia de suricatos e cresceu para mais de cento e cinquenta, um tamanho notável e bastante incomum. Suricatos podem ter de duas a quatro ninhadas por ano e cada ninhada gerar de três a cinco filhotes. Se fizermos as contas — bem, há uma grande diferença entre duas ninhadas de três filhotes e quatro ninhadas com cinco animaizinhos em cada... Digamos que as condições certas podem criar uma série de suricatos extras.

Nenhuma dessas condições, porém, é mais importante do que manter o bom funcionamento do clã — algo que, como se pode imaginar, vai ficando mais difícil à medida que a quantidade de componentes aumeta. Mas esse grupo havia aprendido a se gerenciar muitíssimo bem — uma das razões pelas quais a sua história é tão interessante.

Na última primavera, eles aproveitaram boas chuvas. Encontrar comida foi relativamente fácil. A rotina seguia com algumas demandas, mas de modo geral era agradável. Todos tinham um espaço próprio, e, contanto que você agisse conforme a determinação do clã e ficasse longe de confusões, tudo corria muito bem.

E isso poderia mudar? "Claro que sim", quase todos diriam. "Mudanças fazem parte da vida. Vem uma estação seca, e então ela dá lugar a uma estação chuvosa. Algumas vezes são os falcões que tentam nos pegar, outras são as cobras, mas nós sabemos como lidar com isso. Pode não ser fácil, mas temos métodos para administrar esse tipo de desafio muito bem, obrigado."

Nadia, a criativa

Naquele clã vivia Nadia, uma fêmea brilhante, destemida e cheia de energia. Tinha uma personalidade extrovertida e um entusiasmo contagiante, sobretudo perto dos filhotes, que pareciam querer segui-la por toda a parte. Ela costumava achar isso divertido — apesar de às vezes ser um tanto incômodo, como se pode imaginar.

Quando soube que precisava falar com o chefe de sua família às 12 horas daquele dia, ela ficou um pouco apreensiva, e com razão. Nadia raramente era convocada para uma reunião a sós com ele...

Resolveu comentar o fato com os amigos. Será que sabiam do que se tratava? Um deles sabia. Nadia descobriu que estavam considerando indicá-la ao posto de irmã mais velha de uma ninhada que em breve sairia da toca.

Após refletir um pouco, concluiu que adoraria ocupar a vaga. Mas primeiro era necessário passar na entrevista com o chefe da família, que tomava todas as decisões relativas ao grupo.

Como chegou cedo para a conversa, Nadia se sentou e deixou a mente divagar um pouco.

"Você é a Nadia, certo?" O chefe da família a trouxe de volta à realidade. Sua reputação era a de ser rígido, porém justo. "Tenho algumas perguntas para você", ele começou. "Primeiro..."

Nadia sabia muito bem como deveria elaborar sua argumentação, e o fez com confiança suficiente para disfarçar a ansiedade natural. Não considerou o teste difícil, pois de algum modo havia aprendido aquelas respostas desde filhote. Nem todas faziam sentido, mas percebeu que, se realmente queria aquela vaga, era melhor não começar, naquele momento, um debate filosófico sobre como liderar um clã.

Quando sentiu que a jovem fêmea poderia assumir a responsabilidade, o chefe fez a pergunta mais importante: "Você está disposta a se dedicar totalmente à educação desses filhotes, ensinando a eles o que precisam saber para se tornarem adultos dentro do clã e proteger suas vidas até que possam fazer isso sozinhos?"

Para passar no teste, Nadia tinha um milésimo de segundo para responder: "Sim!" E foi o que fez.

Ela saiu da entrevista bastante animada, embora ainda não entendesse muito bem o que exigiria sua nova tarefa. Essa expectativa a deixava um tanto ansiosa, ainda que, como qualquer suricata brilhante e cheia de energia, jamais admitisse esse fato para si mesma.

Nicholas, disciplinado e confiável

Nicholas era o irmão mais velho de Nadia e comandante da guarda. Um suricato dedicado, meticuloso, detalhista e altamente disciplinado. Era também inteligente e bonito... Metade das amigas de Nadia guardava um amor secreto por ele.

Nicholas tinha acabado de repassar com os guardas as ordens daquela manhã. Analisara toda a agenda do dia e lembrara a todos da necessidade de — tendo em vista os inquietantes acontecimentos recentes — ficarem mais atentos do que nunca.

Um dos guardas avistara uma cobra em uma árvore próxima do clã. Um chacal também fora visto andando por ali e tais predadores adorariam ter um suricato no almoço. Em ambos os casos, os guardas estavam confiantes de que não eram os mesmos predadores identificados no dia anterior. Dois chacais e duas cobras em tão pouco tempo era algo fora do comum. Para piorar ainda mais as coisas, outro guarda relatou ter visto algo no céu que se assemelhava a uma criatura descrita pelos anciãos como um abutre. Algo inédito, pois desde que o clã fincara raízes após o incêndio, nunca tinham visto nenhuma criatura parecida com um abutre.

A mente de Nicholas ainda estava absorta com o que acabara de ouvir e com o que precisava fazer quando viu Nadia se aproximando. Sabia de sua entrevista e tinha certeza de que ela passaria. Recebeu a irmã mais nova com um abraço, mas depois de anunciar que conseguiu o emprego, ela não demorou a notar que algo incomodava o irmão e resolveu perguntar.

"Nada de mais", ele mentiu, a fim de não preocupá-la, "só o trabalho de sempre". Mas Nadia insistiu. "Que trabalho? Você é o comandante da guarda, mas nunca ficou de sentinela, que eu saiba." Ela sorriu, e Nicholas não conseguiu conter o riso. "Não, eu não faço a vigília. Eu faço outras coisas, como você bem sabe, mas quer mesmo ouvir mais sobre isso?", ele perguntou, pensando que alguns minutos de distração dos seus próprios problemas até que viriam a calhar.

"Hoje não é o passado", Nadia observou com seu desconcertante entusiasmo, pressentindo que aquela informação poderia ser útil agora, com sua nova função. Então os irmãos se sentaram e ele explicou tudo.

"Meu trabalho consiste em definir quantos guardas são necessários e criar uma rotina diária de vigilância. Aprendemos, com o passar dos anos e conforme nosso clã crescia, que planejamentos e rotinas são essenciais para que nenhum local acabe acidentalmente desprotegido. Isso poderia gerar a..." Nicholas meneou com a cabeça. Não precisou dizer "morte de suricatos". Nadia entendia.

"Eu recruto e treino os guardas. No caso daqueles que não se saem bem, ajudo a encontrar outra função. A vigilância é uma habilidade e precisamos ter o que há de melhor na equipe. Guardas amadores? Má ideia."

"Defino os procedimentos que os guardas devem seguir com base no que aprendemos ao longo dos anos. Estimo a frequência com que fomos atacados, quando e onde. Estabelecemos metas bastante agressivas. Não queremos nos enganar achando que fazemos um bom trabalho quando na verdade é o oposto. Quando o clã era menos numeroso, todos sabiam o que estava acontecendo. Agora não."

"E se existe algum problema com a vigilância, é minha responsabilidade descobrir depressa, analisar e resolver. Se eu não for rápido o bastante..." E mais uma vez meneou a cabeça.

Nadia tentava demonstrar interesse, mas planejamentos, rotinas, procedimentos, estimativas e coisas do tipo soavam, digamos... meio chatos. Nicholas percebeu que ela estava com alguma dificuldade, mas como ainda tinha tempo até o próximo compromisso, seguiu em frente.

"Para que um clã como o nosso funcione de forma segura, a primeira coisa de que precisamos é disciplina e ordem, entende?", ele disse, enquanto desenhava caixas e linhas na areia.

"É essencial ter uma boa organização. A começar pelos nossos dois alfas no topo." Um macho e uma fêmea, como acontece em todos os clãs de suricatos.

"Eles tomam todas as decisões importantes por nós. Abaixo você tem os betas" — seis chefes de família, cada um supervisionando grupos de vinte a trinta membros, ao lado do gestor das tocas e de Nicholas, o comandante da guarda. "Juntos, garantimos que todo o trabalho necessário seja executado e todos no clã saibam o que, quando e como fazer."

Nicholas explicou que, num passado recente, eles foram atacados dez vezes, uma a cada ciclo da lua cheia. Mostrou a ela de que modo mantinha um registro disso, dispondo galhos de maneira específica em uma de suas tocas. Nadia estava impressionada. "Nossa taxa de incidência é de menos de um em cada vinte", Nicholas disse com certo orgulho na voz, e com razão, já que para um clã de suricatos aquela era uma marca excepcional.

Nadia, nada familiarizada com o jargão de gerenciamento dos suricatos, perguntou: "O que é exatamente essa taxa de incidência?" Nicholas assentiu. "É a frequência com que um membro do clã é levado ou seriamente ferido por um predador, em relação ao número total de ataques. Claro que fazemos o possível para mantê-la o mais baixo possível. É assim que avaliamos o nosso trabalho de vigilância."

Nadia estava *bastante* impressionada com seu irmão favorito, ainda que achasse a ideia de permanecer sentada estimando coisas... um tédio total.

Nicholas desenhou uma outra caixa abaixo de um dos chefes de família. "Este é o seu lugar agora como irmã mais velha", ele explicou sorrindo. E desenhou cinco novas caixas abaixo dela. "Estes são os seus filhotes."

Nadia teve duas reações imediatas. Primeiro, não gostou de ver seu nome dentro de uma caixa, embora entendesse que sua promoção a colocava exatamente ali. Segundo, ela não compreendia por que filhotes precisariam constar em um diagrama.

"Filhotes não trabalham", protestou.

"Errado", disse Nicholas. "Trabalham, sim. A função deles é aprender a sobreviver. E a sua é ensiná-los a fazer isso."

Ele olhou para o sol e para a própria sombra — algo típico de um suricato — e completou: "Agora eu preciso correr para outro compromisso, irmãzinha. Estou orgulhoso de você." Os dois se abraçaram e então ele partiu.

Nesse meio-tempo, Nicholas ficou pensando nos abutres, criaturas das quais ele ouvia falar desde a infância. Não pensava neles como seres de verdade, pois ninguém nunca os tinha visto, mas da mesma forma que as crianças humanas mencionavam bruxas, duendes e dragões.

"Primeiro você aprende as regras, depois..."

Nadia não sabia ao certo o que esperar das sessões de treinamento para a função de irmã mais velha. Estava ansiosa para aprender, em parte, porque, se realizaria mesmo aquela tarefa, queria fazê-la direito. Sem dúvida essa seria a atitude de Nicholas diante do treino.

Ao chegar para o treinamento, o chefe de sua família já estava lá. "Hoje veremos as regras para as irmãs e os irmãos mais velhos", disse ele, e logo começou a recitar todas as vinte e cinco existentes.

Nadia agora devia repeti-las, e se lembrou de doze logo na primeira tentativa. "Nada mau para uma iniciante", declarou o chefe com o seu típico tom seco, embora de fato estivesse impressionado com a nova aprendiz.

Passaram o resto da manhã revisando as regras, de cabo a rabo, até que Nadia conseguiu memorizar a maioria delas. "Qual é a regra número cinco?", perguntou o chefe. "Nunca deixar os filhotes sozinhos!" "Bom. Qual é a regra número catorze?" "Começar e terminar o dia com um banho de areia!" "Bom."

"Chega por hoje", concluiu o chefe, mas Nadia perguntou: "Sobre a número seis: tratar todos os filhotes da mesma forma. Por que isso é bom?"

O chefe se levantou, pronto para partir, e respondeu: "Porque vai gerar os melhores resultados. Se tivermos tempo, eu explico em outro momento. Vejo você amanhã nesse mesmo horário. Meio-dia."

Os demais dias de treinamento foram idênticos ao primeiro. Era bem exaustivo para uma mente tão criativa e destemida quanto a de Nadia. E a resposta para seus questionamentos era sempre a mesma: "Porque a experiência nos mostrou que isso vai nos trazer os melhores resultados!" Ainda que Nadia soubesse que essa resposta devia fazer todo o sentido, ouvi-la não era muito satisfatório.

Depois que Nadia conseguiu se lembrar mais uma vez de todas as regras sem cometer qualquer deslize, ela perguntou, com alguma esperança na voz, se o treinamento estava completo. "Não" era a simples e inequívoca resposta. "Essas eram apenas as regras. Agora você precisa aprender e colocar em prática os procedimentos."

Ao ver que Nadia não estava compreendendo, o instrutor explicou: "As regras servem apenas para lhe dizer *o que* fazer, mas e quanto a *como* fazer? Para boa parte das regras, nós aprendemos a realizar determinada tarefa da melhor maneira possível." Do jeito como ele falou aquilo, alguém poderia até pensar que, depois de sua esposa, as regras e os procedimentos eram o grande amor de sua vida.

Nadia respirou bem fundo e assentiu, um tanto hesitante. Sua confusão não passou despercebida pelo chefe, cuja pata direita começou a bater repetidas vezes naquela terra dura e seca. Era a primeira vez que perdia um pouco de sua paciência com a nova aprendiz.

"Muito bem", ele suspirou. "Qual é a regra número catorze?"

"Começar e terminar o dia com um banho de areia!", disparou Nadia sem demora.

"Bom, mas como se dá um banho de areia?"

"Bem, eu..." Ela refletiu por um momento. Então explicou a sua versão de como faria para os filhotes tomarem banho.

O chefe a interrompeu. "Chegou bem perto, mas não é exatamente essa a melhor maneira de dar um banho de areia. Permita-me explicar. Você começa com..."

E ele explicou. A experiência havia demonstrado que uma forma funciona melhor que todas as outras. Por isso é que faziam assim.

O monólogo terminou com um "Ficou claro?" "Claríssimo" era a resposta esperada, e a que Nadia se ouviu dizendo.

"E se eu tiver uma ideia de como melhorar a nossa forma de fazer isso? Posso fazer uma tentativa?", perguntou Nadia.

"Bom, não", disse o chefe com cautela. "Nós temos um grupo de regras e procedimentos para irmãs e irmãos mais velhos." Mesmo enquanto dizia isso, ele percebeu que o processo poderia soar para Nadia como um tanto lento e trabalhoso. "Eles se encontram todo mês para repassar as regras e procedimentos e falar sobre ideias e sugestões para aprimorá-los. Melhorias são boas e necessárias! É óbvio que são. No entanto... ninguém vai chegar e lhe dizer: 'Tente o que você achar que funcionaria melhor', por uma série de motivos."

Nadia estava aguardando.

Batendo uma das patas, o chefe de família prosseguiu: "Pense só. Como você se sentiria se tentasse algo que considerasse melhor e um dos seus filhotes saísse ferido?" Suas sobrancelhas se ergueram. "Já aconteceu antes."

Sem dúvida Nadia tinha verdadeiro horror à ideia de ferir acidentalmente um dos filhotes.

"Chega por ora", disse seu instrutor. "Vejo você amanhã."

Atrás de si ficou uma Nadia dividida entre sentimentos bons e ruins. Bom: ela estava progredindo e com certeza seria capaz de aprender todas aquelas regras e procedimentos e as melhores técnicas com uma mão nas costas. Ruim: algo bem lá no fundo estava começando a se rebelar, e seu entusiasmo em relação à nova função estava caindo de 100% para 80% e então para 60%. Antes que chegasse a 40%, ela sentiu que precisava de mais uma conversa com Nicholas.

Já tinham conversado uma ou duas vezes antes disso, em que ela expressaria suas dúvidas quanto à necessidade de caixas, planejamentos, estimativas, regras, procedimentos e coisas do gênero. Nicholas então sorria, de uma maneira muito mais carinhosa do que condescendente, e perguntava como era a vida no clã. Isso basicamente encerrava a conversa, porque a resposta era que a vida era muito boa. Se o clã estava prosperando, talvez aquilo que Nicholas chamava de "gerenciamento de suricatos" de fato fosse útil e necessário.

"Como estão indo os seus estudos?" Nicholas observou Nadia e não precisou de nenhuma resposta. "Não gosta de todas aquelas regras?"

"Eu sei que elas são necessárias. Não sou idiota. Mas elas parecem tão..." — Nadia procurava a palavra exata — "limitadoras!" Em seguida: "Como ficam a diversão e a emoção de sair por aí experimentando e aprendendo coisas novas?"

Nicholas refletiu por um momento antes de responder. "Às vezes existem assuntos mais importantes do que a diversão e a criatividade, Nadia. Essas regras e procedimentos estão aí para ajudá-la a obter o que você e o clã mais desejam." Após uma pausa intencional, ele completou: "Que os seus filhotes aprendam a sobreviver, e que estejam prontos para se saírem bem nesse mundo tão difícil."

Naquela noite, a mente de Nadia se desanuviou. Ela queria cumprir bem a sua função. *Muito* bem, na verdade. E se as regras, procedimentos e todo o resto eram o que se exigia do cargo, ela os aceitaria.

No dia seguinte, seu instrutor percebeu a mudança logo de cara. Nadia parou de fazer aqueles questionamentos e, em vez disso, memorizou e executou o que lhe ensinaram mais rápido e melhor do que qualquer aprendiz já fez. Uns poucos dias depois, o chefe de família informou aos alfas que Nadia muito em breve estaria pronta para assumir sua nova função.

Ela agora começava a enxergar o clã com novos olhos. Nadia passou a observar com maior atenção enquanto os surica-

tos limpavam as tocas, cavavam novos túneis, montavam a guarda, alimentavam os filhotes, mantinham o pátio de congregação em ordem, caçavam, cuidavam dos doentes e feridos e resolviam pequenas desavenças. Por toda a sua vida, ela dera essas coisas como certas, mesmo com o crescimento contínuo do clã e com o trabalho ficando cada vez mais complexo. Pensava que era realmente impressionante que tudo isso tenha se desenvolvido tão bem, dia após dia, semana após semana. A mensagem do irmão (percebia agora) era que planejamentos, linhas, caixas, procedimentos e outras coisas que ele chamava de gerenciamento tornavam tudo aquilo possível. Ou pelo menos era o que dizia. Se fosse mesmo verdade — e ela começava a acreditar que era —, essa história de gerenciamento até que era bastante incrível. Ou pelo menos tinha potencial para isso.

De todo o modo, a parte criativa de Nadia ainda se perguntava se não haveria algo de errado ali — ou pelo menos de incompleto.

Capítulo 2

Nadia estava a caminho do seu grupo familiar quando ouviu o alarme. De modo instintivo, ela olhou para todos os lados e viu... absolutamente nada. Então percebeu uma sombra e ergueu a vista.

A criatura voadora era grande, feia e se movia em uma velocidade incrível.

Dois filhotinhos brincavam com uma borboleta perto do monstro, totalmente absortos em sua atividade. Nadia os apanhou e os levou até uma toca próxima o bastante para se salvarem.

Deitada no interior da toca, ela ouviu gritos terríveis. Ouviu o som dos passos apressados de outros suricatos. Até que tudo pareceu acabar tão rápido quanto começou.

Ela arriscou sair do túnel com a máxima cautela, mantendo os filhotes seguros atrás de si. A cena que encontrou era diferente de tudo que já vira até então.

Quem estava próximo do local do ataque permanecia traumatizado. Quem não tinha visto o abutre — a maioria dos suricatos, uma vez que o pássaro chegara e partira bem depressa — se esforçava para entender o ocorrido.

Os alfas, chamados Moro e Mara, haviam convocado uma reunião uma hora depois. Mara, a mais emotiva do casal, estava furiosa.

"Como foi que isso aconteceu??!!"

Foi o que Mara gritou para os seis chefes de família, para o comandante da guarda e para o gestor das tocas. O ataque do abutre havia atingido duas famílias. Pelo menos um suricato constava como desaparecido e dois outros estavam feridos.

Ninguém parecia disposto a se pronunciar. Mara tratou de quebrar o silêncio. "Proteger o clã é a sua principal prioridade!", gritou, enquanto encarava os chefes das duas famílias atingidas.

Após uma pausa constrangedora, um dos chefes de família finalmente disse: "Fizemos todo o possível, mas simplesmente não houve tempo suficiente entre o alarme e o ataque." Em seguida, encarou o comandante da guarda.

Todos os olhares se voltaram para Nicholas. Ele disse, com toda a sua honestidade: "De acordo com o guarda em vigília mais próximo, o intervalo entre o alarme e o ataque estava em conformidade com os nossos padrões mínimos estabelecidos." Ele então se dirigiu ao gestor das tocas. "Tínhamos tocas suficientes na zona de ataque?"

Todos os olhares seguiram a deixa de Nicholas. O gestor das tocas piscou e encarou os demais. Então sua expressão se fechou.

"Bem, eu não posso julgar o quão confiável o relato do guarda em vigília realmente é." Fez uma breve pausa. "Mas meus escavadores confirmaram que todas as tocas foram providenciadas de forma adequada e acessível."

Os olhos pareceram se voltar automaticamente, e num único movimento, na direção do chefe da segunda família, cuja expressão já tinha passado de confusão e tristeza para a preparação de uma defesa — a qual não impressionou Mara nem um pouco. O rosto dela ficou tão vermelho quanto possível para um suricato. *"Isso é inaceitável!"*, ela gritou, encerrando abruptamente a reunião e marcando uma nova sessão para mais tarde, naquele mesmo dia.

Enquanto isso, Nadia estava bem abalada. Não parava de pensar nos filhotes e suas emoções acabavam transparecendo. Nicholas também estava, mas aprendera há muito tempo que não devia deixar que isso fosse notado em sua função. Ele precisava agir. Assim, mesmo antes de os alfas começarem a organizar reuniões extras, Nicholas partiu para a ação.

Deu a dois de seus guardas a tarefa de encontrar uma forma de reduzir o tempo de resposta deles. Pediu a outros dois que dessem um jeito de realizar tudo com mais eficiência, de modo a liberarem recursos para criar mais um ou (idealmente) dois postos de vigília. Deu a si mesmo a responsabilidade de definir onde posicionar novos guardas.

Um dos betas também reagiu depressa, de um modo similar. Dois outros pareciam desperdiçar a maior parte do seu tempo inventando motivos que explicassem por que tudo aquilo não era culpa deles.

No decorrer dos dias e das semanas seguintes, o número de ataques de abutres aumentou. E, como se isso não fosse o bastante, ainda não havia chovido.

Suricatos não precisam de muito para beber contanto que tenham insetos e répteis suculentos para devorar. Mas encontrar esse tipo de alimento cheio de líquido é difícil, muito difícil, quando para de chover, porque as pequenas criaturas das quais os suricatos precisam para sobreviver vão cavando cada vez mais fundo em busca de umidade. Sem falar que elas interrompem qualquer atividade que demande energia e não seja urgente. Atividades como... a reprodução. O que significa menos comida e menos água para os suricatos.

O nível de estresse no clã estava nas alturas. As reuniões dos alfas com os betas eram sofríveis. Mara pedia cada vez mais informações sobre os problemas com os suprimentos de água e comida. Mas ninguém dispunha

de toda essa informação ou de tempo para reunir tudo, o que não melhorava em nada o humor de Mara.

"Eu quero uma proposta de como vamos estimar os níveis futuros de estoque e consumo dos alimentos", ela grunhiu, em sua linguagem gerencial de suricato. Então, apontou para três chefes de família: "Posso contar com isso para a nossa próxima reunião?" Os betas já sabiam muito bem que a única resposta correta em meio àquelas circunstâncias era: "Claro que sim."

Nicholas odiava o fato de não estarem avançando como deviam. Sem dúvida, um pouco mais de cooperação entre os alfas e os betas e menos tempo desperdiçado tentando descobrir um culpado ajudaria. Mas, ainda assim... Um pouco disso se devia simplesmente à natureza dos suricatos, pensou. Por isso, trabalhou com ainda mais afinco.

Após algumas noites sem dormir direito, Nicholas começou a se sentir menos forte e confiante.

Nadia, além de pensar em seus filhotes, e no que precisava fazer naquele dia ou naquela hora, se viu refletindo sobre questões maiores. De onde um abutre poderia surgir assim, do nada? Ninguém sabia. Era um animal rápido e capaz de cobrir uma boa extensão de terra em um curtíssimo intervalo de tempo. Será que a seca o levou a expandir sua zona de caça? Conforme ligava aqueles pontos, um pensamento perturbador crescia e pesava sobre ela. Se fosse mesmo verdade, um abutre seria apenas a primeira ameaça a aparecer. Será que mais predadores chegariam?

Vigília do topo de uma árvore

Ayo já queria ser um guarda, um grande guarda, quando Nicholas o recrutou, um ano antes. Alguns de seus amigos viam isso como um dever, ou algo que eles tinham que fazer por serem membros do clã. Para Ayo, era muito mais do que isso. Quando estava de vigília, focava cem por cento em seu trabalho. Nos intervalos, pensava na vigília e em formas de exercer a função não apenas bem, mas com perfeição. Não tinha como evitar. Ele era um nerd da guarda.

Ao retornar de seu posto de vigília, Ayo passou por sua melhor amiga Nadia. Os dois amavam andar por aí juntos desde filhotinhos, ainda que fossem diferentes em alguns aspectos — Nadia tão extrovertida e cheia de curiosidades e interesses, Ayo tão concentrado e, digamos, sem muito traquejo social.

Ele disse, com aquele seu jeito incisivo e meio abrupto: "Venha, vou lhe mostrar uma coisa", e a levou pelo braço. Embora sua mente estivesse tomada pela confusão e pela crise, ela o acompanhou sem fazer qualquer pergunta ou comentário.

Foram até a maior árvore das redondezas. "Vamos subir", avisou enquanto começava a escalar, enterrando suas afiadas garras no tronco da árvore e impulsionando o corpo alguns centímetros acima.

"Não consigo fazer isso", disse Nadia.

"E como é que você sabe disso?", perguntou Ayo.

"Nunca tentei", ela respondeu, logo percebendo como sua lógica fazia pouco sentido.

Alguns minutos depois, estavam a uns nove metros do solo. "Não vou subir mais do que isso", Nadia avisou com firmeza.

"Não vai precisar. Olhe em volta!", disse Ayo.

Sentados em grossos galhos e próximos um do outro, observavam o vasto horizonte.

"Uau", Nadia não conseguiu se impedir de dizer. Aquela era a coisa mais incrível que já tinha feito e visto havia um bom tempo.

Pelos trinta minutos seguintes, Ayo falou incansavelmente sobre como eles poderiam revolucionar a vigilância. "Daqui dá para identificar o perigo mais depressa do que do chão, o que nos dá mais tempo para reagir. Dá para ver aquele abutre horrível vindo até nós com muito mais antecedência. Não é?"

É mesmo, Nadia pensou. Aquela era uma ótima ideia. Precisavam falar com Nicholas.

Reuniões, estimativas, forças-tarefa, planos de ação, atribuições, planejamento...

Os alfas passavam mais tempo do que nunca se reunindo. Travavam longas conversas sobre os betas, que eles cosideravam abaixo do nível de sua responsabilidade. Depois, sobre quem poderia substituí-los e qual seria a melhor forma de lidar com o inevitável drama que se seguiria ao dar as más notícias aos desqualificados.

Os alfas se encontravam a cada manhã e a cada tarde com os betas. Entre outras ações que decidiram seguir estavam:

- Rever o método utilizado para lidar com os ataques das cobras. O procedimento atual, desenvolvido ao longo dos anos, consistia em sete etapas. Após uma discussão de duas horas sobre a segunda parte da quarta etapa, o correspondente suricato a uma força-tarefa foi criado com o objetivo de concluir aquela empreitada.

- Rever a própria estrutura segundo a qual eles se organizam. Dois chefes de família argumentaram em favor — como era de se esperar — da dissolução das divisões de guarda e tocas e que essas tarefas fossem incorporadas à divisão das famílias. O gestor das tocas sugeriu, em vez disso, que tocas e guarda fossem consolidadas sob a sua direção.

- Discutir em detalhes a sua primeira versão de um novo conjunto de medidas para a obtenção e o consumo de alimentos. A última proposta ouvida fazia bastante sentido, mas demandava um total de vinte e três medidas.

- Examinar o novo roteiro de treinamento, que fará com que o clã inteiro (re)aprenda/pratique os quatro sinais de alarme e as ações adequadas.

	Alerta básico	Alerta máximo
Ataque terrestre	Sinal 1	Sinal 2
Ataque aéreo	Sinal 3	Sinal 4

Fora das reuniões, os chefes (mais por influência de Mara do que de Moro) distribuíam mais ordens e instruções do que nunca. E por que não? Mara era a mais experiente de todos. Era a mais sábia. Então falou, falou e falou — ou antes, gritou, gritou e gritou. Cobrou demais de si mesma, mal descansava, e não esperava menos que isso dos outros. Uma das consequências foi que os betas e muitos no clã se mostravam cada vez mais estressados. Os cargos subitamente se tornaram não apenas caóticos como também exaustivos.

O clã passou a especular por que motivo os chefes vinham se encontrando com tanta regularidade. Aqueles que se preocupavam facilmente e os que nunca confiavam em seus superiores espalharam todo tipo de rumor falacioso, na falta de uma comunicação mais clara vinda do topo. Qualquer estratégia mais ampla que os alfas sugerissem só era realmente compreendida por uma meia dúzia de suricatos, na melhor das hipóteses.

Até que novas consequências do crescente problema alimentar tornaram a vida ainda pior.

Quem vê um suricato até pensa que ele frequenta a academia todos os dias. Eles não têm gordura alguma. O lado bom disso: graças à sua genética, podem passar bem longe de qualquer Espaço Fitness do Kalahari e nem assim vão ter um único pneuzinho para mostrar por aí. O lado ruim: não conseguem criar a mínima reserva de gordura que seja — então, um dia sem comida é um problema; dois dias, são um problema sério; e três dias podem ser fatais. Como encontrar alimento se mostrava um desafio cada vez maior, muitos suricatos começaram a cuidar apenas de si próprios. Os mais fortes roubavam dos mais fracos. Quando os alfas souberam disso, ordenaram aos betas que mobilizassem seus familiares, guardas e escavadores de modo a impedir que o clã degenerasse de modo a privilegiar a sobrevivência dos mais aptos. Surtiram algum efeito os sermões que os betas passaram nos demais, porém não eliminaram o problema. Os suricatos mais desesperados simplesmente agiam com maior discrição em suas práticas egoístas.

A gota d'água

Ayo desceu da árvore que vinha usando para fazer as vigílias. O turno chegara ao fim e seu substituto já estava ali, à disposição. "Nicholas quer falar com você", disse o próprio guarda.

Até que enfim!, pensou Ayo. Ele tentava desesperadamente falar com o chefe para explicar o que havia descoberto, mas Nicholas parecia estar sempre em reuniões, conversando com outros betas ou distraído. Mesmo sem ter comido nada o dia inteiro, Ayo sentia-se animado. Agora poderia explicar sua ideia.

Antes que conseguisse abrir a boca, um Nicholas frio, exausto e pouco amigável falou duramente: "Ayo, eu ouvi relatos de outros guardas de que você tem violado os procedimentos de vigília. É verdade que você escalou uma árvore enquanto montava guarda?"

Ayo não deixou que as palavras ou o tom de Nicholas o detivessem. Em vez disso falou com a mesma firmeza: "Sim, é verdade. Quando estou lá em cima, posso enxergar mais longe e..."

"Basta!", Nicholas o interrompeu rispidamente. "Guardas não têm permissão para abandonar seus postos sob qualquer circunstância! Não é *assim* que a gente trabalha aqui. Nunca! Você sabe disso! Onde você estava com a cabeça? A sua falta de disciplina é excepcionalmente decepcionante e, dadas as circunstâncias, é imperdoável. Precisamos ter certeza de que os nossos guardas estão fazendo o seu trabalho. Serei forçado a levar o seu caso à frente do Conselho e encontrar uma outra função para você. Não vai mais servir como guarda."

Ayo não conseguia acreditar no que estava escutando. "Nicholas, eu descobri um jeito de fazer com que a vigília fique muito melhor..."

"Ayo, as suas boas intenções não importam. Não tenho tempo para discutir mais esse assunto. Eu realmente sinto muito." Nicholas se virou e foi embora.

Ayo estava pasmo. Ele tropeçou, então caiu ao lado de um arbusto. Não sabia se gritava ou chorava.

Quando soube do comportamento de seu irmão mais velho, antes considerado exemplar, Nadia também ficou pasma. Procurou por Nicholas, mas lhe disseram que ele estava em uma reunião. Então ela foi para junto de Ayo.

Frustrados, confusos e abatidos, os dois suricatos conversaram um bocado, até que Ayo se calou, com o olhar perdido em pensamentos. "Nadia, eu não posso viver desse jeito. Não consigo ajudar. Sou um fracasso. Isso é absurdo. Eu vou sair do clã. Vou procurar outro, onde talvez me achem mais útil."

Nadia parecia horrorizada.

"Não vou ser o primeiro a fazer isso", Ayo lhe disse. "O melhor escavador de tocas e dois outros partiram ontem." Nadia ouvira rumores de que Zuberi, o cara das tocas, e talvez alguns de seus habilidosos amigos haviam partido.

Junto de Nicholas, Ayo era o suricato mais querido no coração de Nadia. Ela não conseguia imaginar seu amigo, que sabia tão pouco além de montar guarda, sobrevivendo sozinho lá fora, no deserto. "Nesse caso", ela se precipitou, num ímpeto, "eu vou com você!"

Uma ideia vinha se formando em sua mente há dias. Outros clãs de suricatos, pensou, devem estar enfrentando problemas parecidos. O que estariam fazendo? Sem dúvida pelo menos um deles deve ter descoberto uma solução, não é? Alguém precisa investigar e trazer essa informação.

Explicou a Ayo aquela sua ideia inusitada. Os dois conversaram a respeito e concordaram: por que, de fato, esse "alguém" não poderiam ser eles?

Nadia procurou mais uma vez por Nicholas, mas agora para informá-lo de que ela e Ayo decidiram partir em busca de uma estratégia melhor para lidar com os novos desafios. Como sempre, ele estava com pressa e simplesmente passou por ela enquanto falava.

"*Nicholas, você ouviu o que eu disse?*", ela gritou mais alto do que gostaria. "Estou indo embora."

Ele parou de examinar sua longa lista de afazeres e olhou para a irmã. "Do que você está falando? Deve estar de brincadeira. O que há de errado, Nadia?"

"Tudo está errado!", ela respondeu. "O clã está entrando em colapso, e tudo o que o Conselho faz é distribuir ordens e reprimendas. Estou cansada demais de tudo isso."

Foi então que ela deixou a frustração das últimas semanas transbordar. "Cansei de ver você exausto desse jeito.

Cansei de ver que alguns de nós parecem se importar apenas consigo próprios. Cansei de escutar esse papo interminável de que alguém é culpado. Cansei de ninguém ouvir aqueles que chegam com ideias para melhorar as coisas e que vão além do que vocês todos acham que é a melhor e única maneira. Não aguento mais ver aqueles que querem ajudar sendo ignorados e colocados em silêncio para aguardar novas ordens. E o Conselho, incluindo você, age como se nem mesmo notasse essas coisas acontecendo."

Ela explicou sua ideia de procurar por clãs que estivessem lidando melhor com essas novas ameaças e depois trazer qualquer informação útil de volta para casa. Nicholas olhou para ela como se estivesse falando outro idioma.

"Tudo vai voltar ao normal", disse ele, não muito convencido. "Nesses últimos dias, meus guardas vêm trabalhando com sucesso em uma série de esquemas táticos. Você mesma já reconheceu que temos grandes qualidades que nos ajudaram a prosperar por anos."

Nadia assentiu um tanto cansada e se calou — percebendo que não tinha nada a acrescentar.

NÃO É ASSIM QUE A GENTE TRABALHA AQUI! | 57

"É perigoso demais andar por aí!", disse Nicholas. "Você sabe disso."

"Sei, sim, Nicholas", ela reconheceu, "e isso me assusta um pouco. Mas não existe mais esperança aqui. E sem esperança a vida se torna inaceitável. Talvez Ayo e eu não encontremos nenhum clã se saindo melhor do que o nosso — mas não posso acreditar nisso. E precisamos tentar".

Suricatos possuem uma habilidade única de literalmente fechar os ouvidos, uma invenção da natureza para proteger suas cabeças da areia durante a escavação de tocas. Ele não estava cavando nenhuma toca, mas Nadia podia ver que os ouvidos do irmão estavam bem fechados.

Abraçou Nicholas por um longo momento, então o afastou, virou-se depressa e correu para que ele não visse suas lágrimas. Passou as últimas horas da tarde cuidando para que outra irmã mais velha assumisse a responsabilidade pelos seus filhotes — e também refletindo.

Não fazia sentido. Mal ela havia se convencido de que o irmão e o clã estavam indo tão bem, de que o tal gerenciamento de suricatos era tão maravilhoso, e agora nada disso estava ajudando a lidar com os seus problemas.

Aquelas caixas, planejamentos e regras não conseguiam superar... Superar o quê? O abutre? Ela sabia que não se tratava apenas disso. Era algo mais amplo. Tinha a ver com novos desafios, contra os quais eles não haviam preparado soluções e planos de ação, desafios que apareceram depressa demais. Com toda essa mudança, o gerenciamento de suricatos só trouxe mais ordens e repreensões por parte dos chefes, o que não ajudou. Ideias criativas como a de Ayo foram rejeitadas, pois não era assim que se trabalhava ali — de um jeito que já vinha funcionando por tanto tempo. E isso não ajudava.

No pôr do sol, Ayo e Nadia partiram.

Capítulo 3

A jornada

Nadia e Ayo decidiram andar o mais rápido possível durante a noite e descansar em tocas abandonadas durante o dia. Desse modo, avançariam um pouco mais devagar, porém com maior segurança.

Levaram duas noites para encontrar outro clã. Chegando pouco antes do amanhecer, sentaram-se e aguardaram até que os suricatos acordassem. Quando saíram de suas tocas, os dois viajantes estimaram que deveria haver ali algo em torno de sessenta a oitenta deles.

"Estranho", comentou Nadia, "ninguém parece ter nos notado aqui".

"Vigilância ruim", respondeu Ayo.

Ficaram sentados observando o clã. O cenário não era nada animador.

Não demoraram a perceber que o nível de ansiedade ali fazia com que as coisas em seu clã até parecessem calmas. Embora grande parte dos suricatos estivesse correndo de um lado para o outro, ninguém parecia chegar a lugar algum. Os que aparentavam estar no comando distribuíam ordens e repreensões como os alfas que eles já conheciam, mas por ali eram ainda mais severas. Tudo indicava que mesmo as tarefas de rotina — alimentar os filhotes, consertar as tocas desabadas — não vinham sendo cumpridas da forma adequada.

Quando tentava falar com um dos membros daquele clã, Nadia quase sempre ouvia: "Desculpe, estou com pressa, não tenho tempo. Preciso...", desapareciam os suricatos. Quando enfim conseguiu deter um dos mais estressados, descobriu que aquele clã vinha enfrentando desafios similares ao de seu próprio clã. Mas, pelo que estava vendo, tudo o que Nicholas fazia todos os dias como comandante da guarda, mesmo diante daquelas condições difíceis e inesperadas, era praticamente ignorado por aquele grupo. Ali, não foi possível notar qualquer ideia revolucionária para lidar com as terríveis novas circunstâncias.

Não foi difícil identificar os alfas do clã. Um grupo de oito ou dez suricatos os seguia feito sombras aonde quer que fossem. Quanto ao restante do clã, basicamente todos pareciam tentar evitar os chefes e suas sombras, correndo na direção contrária assim que se aproximavam.

Nadia e Ayo conversaram bastante aquela noite. Não conseguiam deixar de sentir que aquele clã estava com os dias contados. Era um terrível pensamento.

Existem lições para aprender aqui, pensou Nadia, mas precisava de tempo para descobrir quais eram. Parecia claro, porém, que continuar ali com eles, incapaz de ajudar, não fazia sentido.

Os dois viajantes partiram após um único dia de estadia.

Logo encontraram outros clãs, mas, devido à seca, a maior parte deles não estava recebendo novos membros, alguns inclusive os colocaram para correr. Outros eram como o clã dos dias contados, ou pareciam apenas uma versão mais compacta do seu clã natal.

Andar no frio da noite, comer menos do que a porção habitual e tentar dormir durante o dia — tudo isso logo começou a pesar sobre a dupla. Mas, toda vez que um deles pensava em voz alta se deveria continuar, o outro encontrava palavras ou gestos de encorajamento. E assim avançavam.

De vez em quando, encontravam outros andarilhos. No entanto, a maior parte deles era... meio esquisita. Por isso, é que a princípio ficaram meio céticos ao conhecerem Matt.

Matt era mais alto do que a maioria dos suricatos e um pouco mais velho do que Nadia e Ayo. Até onde podiam ver, ele já estava viajando havia um bom tempo.

Depois de um pouco daquela conversa típica de viajantes que se encontram, Nadia perguntou a ele como acabou andando pelo Kalahari por conta própria.

A história de Matt era trágica. Seu clã não encontrou soluções para as novas ameaças e acabou debandando. Famílias foram desfeitas. A vigilância se tornou errática. No fim, apenas as tocas estavam meticulosamente em ordem, e inclusive se expandiram, com apenas metade da mão de obra para fazer o trabalho. Matt era um beta das tocas.

Ayo gostou do novo suricato, pois obviamente demonstrava ter bons valores e bastante seriedade em relação ao trabalho. Nadia logo lembrou do irmão, de quem já sentia uma saudade imensa e, apostava, tinha muito em comum com Matt.

"Venha conosco", disse impulsivamente para Matt. Ayo parou, refletindo sobre o assunto, e em seguida assentiu. Matt ficou surpreso, mas também contente, e logo concordou.

Os três descansaram um pouco. Matt disse a seus novos companheiros: "Ouvi falar de um clã que se formou há pouco tempo, está aberto a novos integrantes, tem comida o bastante e não está sofrendo com o abutre ou com todas as novas cobras."

Isso certamente chamou a atenção de Nadia e Ayo.

"Não consegui encontrá-los, apesar de já estar à sua procura há três dias." Matt desenhou na areia um mapa meticulosamente detalhado que ele criou da planície, a partir de suas excursões. "Dizem que eles vivem mais ou menos aqui", informou, apontando para um local.

Ayo pegou Matt pelo braço e o levou até uma grande árvore perto dali. Pediu que Matt a escalasse com ele, e em menos de um minuto haviam alcançado o topo.

"Agora, onde você fundaria um clã nessa planície?", perguntou Ayo.

"Uau", reagiu Matt, do mesmo modo que Nadia quando viu o horizonte do topo de uma árvore pela primeira vez. Precisou de um instante para absorver aquela espetacular e nova perspectiva e considerar toda a vista. Então, após uma breve pausa, apontou para um lugar a cerca de cinco quilômetros de distância. "Ali!", respondeu.

Eles viajaram mais uma vez à noite. Na manhã seguinte, Nadia, Ayo e Matt encontraram um pequeno clã. Precisaram apenas de poucos minutos para perceber que era diferente.

Um caminho bem diferente

Havia apenas uma dúzia de suricatos no clã, todos estavam sentados em um único círculo. Pareciam estar no início de uma reunião quando Nadia, Ayo e Matt chegaram. Os que viram o trio sorriram, ou pelo menos não demonstraram hostilidade. A suricata que liderava o grupo, — que mais tarde descobririam se chamar Lena — pediu aos andarilhos que se sentassem perto e aguardassem até que a sessão terminasse. Então abriu a reunião assim:

"Sabemos que a chuva esse ano atrasou mais do que nunca. Até o momento temos sido espertos o bastante para não deixar que isso se transforme num problema."

Ela sorriu para os outros. "Não compreendemos por que isso está acontecendo nem podemos fazer chover."

Dois suricatos deixaram escapar algumas risadas.

"No entanto", continuou, "o que podemos fazer é nos prepararmos caso a chuva não venha amanhã ou no dia seguinte ou na outra semana. Certo?"

Os outros assentiram hesitantes.

"Não que desejemos passar por esse tipo de situação — mas uma solução inteligente pode nos tornar um clã mais forte e melhor. Então, o que temos aqui é uma oportunidade."

Lena sorriu mais uma vez, então a maior parte do grupo assentiu novamente. Nadia estava fascinada.

Lena prosseguiu. "Será que alguém gostaria de nos ajudar a debater sobre como podemos lidar melhor com essa... oportunidade?"

Uma tímida pata se ergueu primeiro, quase imperceptível, mas Lena disse no mesmo instante: "Sim, Tamu. Vamos dar a ele uma salva de palmas."

E assim o fizeram. Os que sabiam que Lena havia encorajado Tamu a se voluntariar sorriram e bateram palmas com mais força que os demais.

"Vamos juntar algumas ideias primeiro", disse Tamu com sua voz hesitante e baixa. "Não comentem sobre nada ainda, por favor. Vamos apenas juntá-las."

Os suricatos expressaram as suas ideias. Tamu anotou cada uma no solo, em diferentes partes do pátio de congregação. Quando uma determinada sugestão foi dada, antes mesmo de Tamu chegar a escrevê-la na terra, outro suricato gritou uma ideia de como aperfeiçoá-la. O dono da sugestão parou por um mero segundo, então sorriu e concordou vigorosamente.

Quando chegaram a sete sugestões e nenhuma outra ideia foi dada, Tamu pediu aos outros que votassem com os pés indo até a ideia de que mais gostavam. Todos, exceto dois dos suricatos, andaram até uma de três sugestões. Tamu propôs que todos se concentrassem nessas três opções, e o restante do grupo assentiu prontamente. Ele pediu a seus caros colegas de clã que explicassem o que haviam gostado em relação à sua proposta favorita. Em seguida, perguntou aos outros que problemas enxergavam em cada uma dessas ideias.

A discussão aperfeiçoou duas das três ideias, de forma a fortalecer aspectos que os suricatos apreciavam e a enfraquecer o que não prezavam. Nadia assistia a tudo com olhos vidrados. Nunca tinha visto nada remotamente parecido com isso antes.

"É possível seguirmos essas três sugestões?", perguntou Tamu no fim.

"Não!", foi a clara resposta emitida por quase todos no grupo.

"Estão todos dispostos a seguir a ideia que receber mais votos?"

"Sim!", foi a sonora resposta do grupo.

Então votaram mais uma vez usando os pés, promovendo uma vencedora inequívoca. Foi a ideia de "partilhar a comida".

O conceito era simples, mas difícil de implementar por conta de toda a sorte de obstáculos. "Partilhar a comida" significava que você não podia mais comer o que encontrasse. Você coletaria tudo que excedesse às necessidades básicas de um suricato e cuidaria para que fosse disponibilizado a quem precisasse. Um conceito simples, mas uma ideia bastante radical no mundo dos suricatos.

"Que tal a ideia que ficou em segundo lugar?", lembrou Tamu. Alguém sugeriu que ela fosse guardada e, caso a solução de partilhar a comida não funcionasse, eles voltassem a ela. O grupo pareceu concordar. Então se voltaram para Lena, que sorriu e concordou.

"Precisaremos de alguns voluntários", disse a eles, "para nos ajudar a entender como exatamente vamos partilhar a comida, e então cuidar para que isso realmente aconteça. Quem deseja participar?"

Cinco patas se ergueram. "Muito bom", disse Lena. "Vamos agradecer ao Tamu por uma discussão tão produtiva." Todos o fizeram, e a reunião se encerrou.

Quando o clã se dispersou, a suricata que começou e terminou a sessão se aproximou dos três recém-chegados. "Olá, me chamo Lena. Quem são vocês?"

Eles se apresentaram e contaram brevemente suas histórias. Lena ouviu tudo sem interromper. Quando acabaram, ela disse a eles que ficaria encantada se os três se juntassem ao clã. Em resposta, eles disseram que ficariam honrados com isso.

"E quanto ao abutre?", perguntou Ayo. "Esteve aqui também?"

"Ah, sim", disse Lena. "Não causou nenhum dano, mas sem dúvida tentou. Todos aqui somos o que os clãs costumam chamar de 'guardas'. Então, assim que alguém do nosso grupo o avistou, gritou o mais alto possível, todos ouvimos, pulamos para dentro das tocas e foi isso. Depois do primeiro ataque, Tamu liderou um grupo para desenvolver uma ideia que nos garantiu uma segurança ainda maior. Vocês deviam conversar com ele para entenderem melhor. Ele vai gostar disso. Não temos visto o abutre há algum tempo. Deve haver outros lugares onde ele consegue se alimentar à custa de menos esforço e frustração."

Outro suricato chamou por Lena, então ela pediu licença para falar com um membro do grupo que parecia enfermo.

Nadia tinha tantas perguntas que nem sabia ao certo por onde começar. Mas, primeiro, ela, Ayo e Matt encontraram um pouco de comida e descansaram. Ao acordar, ela imediatamente foi perguntar como poderia marcar um horário com Lena, e recebeu olhares intrigados como resposta. "É só ir falar com ela", todos disseram. E foi o que Nadia fez.

Partilhar a comida e outras ideias inusitadas

Nadia descobriu que o clã tinha poucos meses de existência. Foi fundado por Lena e outros sete suricatos que haviam deixado um clã maior, uma vez que odiavam a forma como ele era conduzido. Agora faziam do seu próprio jeito. Para entender melhor como funcionava o clã, Lena encorajou Nadia a comparecer à primeira reunião daquela tarde, envolvendo a equipe de voluntários para partilhar a comida. E foi o que ela fez.

Tamu chegou um pouco atrasado, quando o grupo já estava sentado confortavelmente debaixo da sombra da grande árvore que demarcava a área do pátio de congregação. "Desculpem pelo atraso", disse Tamu.

"Sem problema", disse um dos outros. "Acabamos de falar sobre quem gostaríamos que liderasse a equipe."

Tamu percebeu que todos os olhares se dirigiam a ele. Eram olhares amigáveis e encorajadores. Ainda assim, a situação o deixou meio desconfortável.

"É o que estou pensando...?"

"Isso, Tamu", disse um dos suricatos. "Gostaríamos que você liderasse a equipe. Você aceita?"

Muitos pensamentos percorreram sua mente e estava ansioso, mas aquele era um momento feliz. Ele nunca desempenhara uma função importante em seu antigo clã. Depois que o clã de sua família se desmembrou, tinha caminhado bastante, sozinho e assustado, em busca de um novo lar. "Eu aceito", ele se ouviu dizer. Alguns dos outros aplaudiram.

No restante da reunião, conversaram sobre o que deveria significar partilhar a comida de forma adequada, como ajudar o clã a ver nisso uma virtude e o que poderia motivar os outros a tornar isso realidade o mais rápido possível.

"Não podemos simplesmente espalhar a ordem de que devemos partilhar a comida?", sugeriu um novo e impaciente membro do clã. Até que outro disse: "Em nosso clã, ninguém tem o direito de dizer aos outros o que fazer. Não é assim que a gente trabalha aqui."

O recém-chegado precisou piscar duas vezes. Não estava totalmente surpreso, tendo em vista outras experiências por que passou desde que se juntou ao grupo.

Ainda assim, aquela era uma forma bem radical de fazer as coisas.

A discussão sobre como fazer a ideia de partilhar a comida realmente funcionar foi um tanto errática, até que alguém sugeriu: "Temos quinze suricatos em nosso clã, se contarmos com os recém-chegados, e cinco em nossa equipe. E se nós cinco simplesmente começarmos a partilhar o que apanharmos?"

Na falta de uma ideia melhor, concluíram que valia a pena tentar e assim o fizeram.

No dia seguinte, sentaram-se em um semicírculo e todos puseram o que apanharam em um prato que um dos membros havia feito a partir de um pedaço oco de madeira e decorado com folhas. Não demorou muito até que um pequeno número de curiosos se aproximassem desse cenário um tanto quanto estranho. Alguns deles estavam bem famintos. No dia seguinte, oito suricatos se encontraram no mesmo local e dividiram sua comida; no dia posterior a esse, foram dez. Nadia ficou com a impressão de que aqueles que pegaram comida do prato em um dia tentaram apanhar e trazer mais comida para a refeição do clã no dia seguinte. Ninguém fez uma contagem ou manteve qualquer tipo de registro, ou pareceu remotamente interessado em fazer algo do gênero, mas de fato parecia que os suricatos estavam encontrando mais comida (e não menos, sem dúvida) do que antes de a partilha se tornar rotina.

A equipe da partilha de alimentos, formada por cinco membros, celebrou seu sucesso no encontro seguinte. Lena se juntou a eles, parabenizando a todos pela visão e por aquela conquista criativa. Nas muitas conversas de que participou nos dias posteriores, ela mencionaria de modo casual, porém frequente, o quão orgulhosa estava daqueles que vinham à refeição comunitária e dividiam suas coletas.

Nadia adorava tudo o que via. Só levou alguns dias para que dois filhotes do clã a adotassem como uma espécie de "irmã mais velha", querendo passar o máximo de tempo possível com ela. Estava feliz com isso, mas achou melhor checar primeiro para saber quem era oficialmente o responsável pelos filhotes. Veio a descobrir que ninguém era, já que não havia "funções" delimitadas da forma como ela conhecia. Nenhum gestor, comandante ou guarda. Nenhum chefe de família. Havia apenas um suricato que se voluntariara para cuidar dos filhotes e ajudá-los a crescer, que deu as boas-vindas a Nadia por trabalhar com ele. Os dois começaram a se encontrar vez ou outra para compartilhar o que funcionava ou não, e como melhorar a ajuda aos filhotes.

Enquanto isso, Ayo vinha estudando a área em busca dos melhores postos de guarda. Logo descobriu meia dúzia de maneiras pelas quais poderiam melhorar a vigilância. Alguns dos suricatos mais novos ficaram fascinados apenas em vê-lo e escutá-lo e pediram aulas sobre as habilidades de vigília. Ele alegremente aceitou.

Matt inspecionou as tocas e descobriu que não se encontravam em bom estado. Quando conversou com Lena a respeito disso, ela abriu um sorriso radiante e pediu que reunisse alguns voluntários para fazer o possível. E foi o que ele fez.

Tamu, por sua vez, literalmente topou com uma ideia de grande potencial. Uma ideia que chegou até ele na forma de um gigantesco (de sua perspectiva) excremento de elefante.

Após limpar a pata, notou que na pilha havia centenas, se não milhares, de pequenos insetos brancos. Examinou alguns, limpou-os na areia e os degustou, a princípio com a careta mais feia que sabia fazer. Mas sua expressão se desanuviou bem depressa, ao perceber como eram deliciosos e suculentos. Então teve um insight. E se coletassem excrementos de elefante e criassem uma fazenda de pequenas criaturas para complementar as suas coletas? Será que essa não poderia se tornar uma solução interessante para aquela escassez de alimentos?

Tamu explicou sua ideia para os outros. Poucos ficaram entusiasmados ante a perspectiva de digerir minúsculas criaturas que vieram de um pedaço de você sabe o quê, menos ainda com a de ajudar a formar bolas desses excrementos, rolá-las até um local específico e criar a fazenda. "Tudo bem, você não precisa participar", foi o que os menos entusiasmados ouviram.

A maioria não participou mesmo. Ainda assim, não demorou muito para receber alguns voluntários dispostos a colocar aquela ideia em prática. Ele deixou Lena a par de tudo, e ela, com seu jeito otimista de sempre, os encorajou a sair, experimentar, aprender e aperfeiçoar.

Ainda havia muito a descobrir e a aprender com esse novo empreendimento que seria a fazenda, mas os suricatos voluntários tornaram tudo possível bem depressa. Sua primeira "colheita" foi depositada no prato de alimentos compartilhados. Ainda que cautelosos num primeiro momento, mais e mais suricatos apareciam para experimentar e apreciar a nova contribuição.

Nadia observava tudo isso bem de perto. Estava maravilhada com tantas coisas: a velocidade com que novas e importantes ideias eram criadas, apoiadas e implementadas. O entusiasmo, o grau de cooperação e a energia que havia entre eles. Em sua mente, continuava comparando tudo isso ao que conhecera a sua vida inteira. Era tão radicalmente diferente e ainda assim funcionava muito bem. Sua natureza curiosa não parava de pensar: *Mas por quê? Por quê?*

Foi procurar por Lena.

Círculos versus quadrados, querer versus dever

"Lena, o que mantém esse clã unido? O que faz com que ele seja tão..." Nadia estava procurando termos como "cheio de energia" e "criativo".

Após refletir um pouco, Lena desenhou alguns círculos na areia que, para os humanos, pareceriam com um sistema solar, com um sol, planetas e algumas luas.

"No centro", começou Lena, "temos o grupo que se reúne toda semana para discutir o que defendemos, o que desejamos nos tornar e as questões centrais à frente do clã. Acho que é o espírito de irmandade que nos mantém unidos. Não se pode falhar aqui, a não ser que se falhe tentando".

"E todo mundo pode participar dessas reuniões semanais?", perguntou Nadia.

"Quando só havia uma dúzia de nós, sim. Agora que mais e mais andarilhos como vocês estão se juntando a nós, suponho que algum dia vamos encorajar muitos a ajudarem de outras formas. Parece que nem todos apreciam a árdua tarefa de pensar sobre as grandes questões, muito menos a de escutar as opiniões dos outros — de todos os outros."

Nadia apontou para os planetas e luas no diagrama do sistema solar. "E o que são esses outros círculos?"

Lena assentiu. "Hoje, um deles tem a ver com a nossa fazenda de insetos, iniciada por Tamu, outro com a criação dos filhotes, que você idealizou, e o terceiro organiza a partilha de alimentos, atividade que agora é conduzida por Alonda."

Lena desenhou alguns círculos ao redor do círculo de Alonda. "E cada um desses grupos possui uma série de atividades em desenvolvimento. Não tenho como me manter a par de todas elas. Sequer tento fazer isso. Essas tarefas são conduzidas por... bem, poderiam ser conduzidas por qualquer um. Quase sempre me surpreendo com quem acaba tendo a paixão e a visão necessárias."

"Como pode ver, cada grupo escolhe seu líder. E você pode fazer parte do grupo que quiser."

Nadia olhava para a imagem e pensava nas palavras de Lena. Eram difíceis de entender, tendo em vista tudo o que ela vivera antes disso, mas faziam bastante sentido.

Pouco antes do anoitecer, chegaram dois suricatos desgarrados de um clã que fora destruído por um abutre e pela fome. Ficaram tão impressionados quanto Nadia diante de tudo o que estavam vendo e ouvindo. Um deles, imediatamente começou a procurar por outros membros remanescentes de seu antigo grupo.

E assim o clã de Lena continuou a crescer, depressa. Com segurança, comida e ótimos ânimos, algumas grandes ninhadas logo vieram. A fama de algum modo se espalhou e outros suricatos desgarrados os encontraram. O grupo de doze, de quando Nadia chegou, cres-

84 | JOHN KOTTER E HOLGER RATHGEBER

ceu para vinte, e então para trinta, com impressionante velocidade.

Nadia, Ayo e Matt logo se tornaram importantes membros do grupo. Mas, diferente de Matt e Ayo, que encontraram ali o que buscavam, Nadia sabia que precisava voltar para casa muito em breve e partilhar o que vinha aprendendo:

Sobre o potencial da liderança vinda de qualquer lugar, sobre paixão, visão, voluntariado e criatividade — e NADA de caixas, linhas, procedimentos e alfas/betas. Sobre como era possível lidar com desafios totalmente novos e desconhecidos com uma velocidade espantosa.

O clã de Lena continuou a crescer bem rápido. Chegou a cinquenta membros... e foi nesse momento que os problemas começaram.

Capítulo 4

Grandes poderes trazem...

Matt começou a criar um mapa detalhado das tocas. Mostrava os pontos em que algumas delas não estavam recebendo manutenção adequada, bem como áreas com deficiência de túneis subterrâneos para acomodar aquele clã cada vez maior. Ele conseguiu reunir alguns membros animados com o desafio intelectual de mapear, calcular e projetar as tocas. No entanto, quando solicitou voluntários para ajudar a cavar e a limpar os túneis, definindo que compareceriam todas as manhãs, às 8 horas em ponto, a reação não foi nada animadora.

"Todos os dias às 8 horas em ponto? 8 horas da manhã? Eu até gostaria de ajudar, mas..."

"Cavaríamos e limparíamos seguindo um planejamento minucioso? Bom, Matt, eu não curto muito fazer isso."

Com o auxílio de Ayo, Matt também mapeou o melhor que pôde a forma como a vigilância vinha sendo realizada. Os suricatos não mediam esforços para proteger uns aos outros, mas suas atitudes eram erráticas. E, tal como aconteceu no caso das tocas, ainda que alguns estivessem mais do que dispostos a ajudar Ayo a planejar como a vigilância devia ser realizada, o número disposto a seguir uma programação, vigiar à noite ("que tédio!") e a obedecer ordens... não era nada expressivo.

Ayo e Matt procuraram por Lena.

"Estamos preocupados com a segurança, Lena. Agora somos numerosos o bastante para chamar a atenção. Para protegermos o clã, precisaríamos de pelo menos três, ou melhor, quatro, guardas treinados, em serviço dia e noite. E eles precisam estar nos lugares certos, então deve haver uma programação a ser obedecida com rigor. A ideia de que 'todo mundo cuida de todo mundo' não é mais tão prudente."

Lena ouviu enquanto Matt descrevia também o problema com os suricatos que não apareciam no horário para cavar e fazer a manutenção das tocas. Então ela disse: "Olhe em volta, Ayo. Matt. A vida é boa para nós. Mesmo durante a seca, acabamos de ter três novas ninhadas. Quase que diariamente recebemos novos suricatos no grupo. Talvez vocês estejam se preocupando demais."

Mas, mesmo sem comentar nada a respeito, a própria Lena começava a notar, com uma preocupação crescente, que havia trabalho a ser feito e ninguém o fazia, ou não era feito com a regularidade necessária. No caso da guarda e das tocas, desejava que Matt e Ayo demonstrassem maior liderança para resolver quaisquer assuntos que surgissem, mas não queria criticá-los e prejudicar seu comprometimento e entusiasmo. Então lhes deu um de seus discursos de incentivo.

Na reunião semanal seguinte, Lena falou sobre os ideais do clã. Ela foi inspiradora, como sempre, mas estava falando sobretudo com aqueles que não precisavam mais ouvir seu discurso. Como as reuniões eram eventos de presença facultativa, aqueles que mais precisavam estar ali para ouvi-la se ausentaram.

Com o passar dos dias, as tensões entre os suricatos mais antigos e os recém-chegados; entre os membros parecidos com Matt e os diferentes; e entre os coletores e os comedores se tornaram mais intensas dentro do clã.

Tudo o que exigia algum tipo de esforço coordenado entre as dúzias de suricatos, ou não era feito de maneira confiável ou era debatido interminavelmente, em grupos cada vez mais frustrados diante da incapacidade de seus membros de definirem as coisas. Mesmo os mais dispostos a ajudar viam-se com frequência às escuras em relação ao que se esperava deles, ou distraidamente desperdiçavam uma grande quantidade de tempo e criatividade em tarefas que só precisavam ser cumpridas de modo simples — inclusive já conhecido pelos outros suricatos.

Nadia, Ayo, Matt e Tamu foram até Lena e disseram-lhe que precisavam ter uma conversa. Quando Lena perguntou o que os estava incomodando — e era óbvio que algo estava —, eis o que ouviu:

- Após a euforia inicial em torno da fazenda de insetos, Tamu teve cada vez mais dificuldades em encontrar voluntários para realizar o trabalho diário, o qual reconhecidamente não era nada prazeroso. Ele próprio dedicava tantas horas cuidando da fazenda que estava começando a se sentir exausto.
- Nadia relatou que alguns membros do clã que se ofereceram para ajudar com as novas ninhadas simplesmente não serviam para aquela função. Mas quem devia dizer isso a eles? Quem teria a autoridade para tanto?

- Matt explicou a Lena e aos outros que, apesar de seus melhores esforços, as tocas estavam em condições precárias há muito tempo. Além disso, ninguém parecia disposto ou demonstrava ter a habilidade necessária para construir e fazer a manutenção desses locais.
- Ayo apenas disse: "Você já conhece minha opinião sobre a segurança e a guarda."

Ainda havia outras questões. Lena ouviu, suspirou e disse: "Quando fundei este clã com alguns amigos, imaginávamos cada um de nós como uma mistura de empregado e líder. Dentro de todos parecia existir uma grande vontade de participar cotidianamente e de sermos o melhor possível". Após uma pausa dramática, disse: "Vocês acreditam que isso seja válido e verdadeiro?" Os outros assentiram devagar, de um jeito que parecia dizer: "Bem, sim, mas..." Lena então falou sobre como tinha certeza de que o clã e seu forte espírito seriam capazes de superar as questões que surgiam naturalmente com o crescimento.

De alguma forma, Nadia, Ayo, Matt e Tamu saíram da reunião sentindo-se mais otimistas, imaginando como Lena havia conseguido uma vez mais afastar os problemas e injetar confiança.

Enfim chega a chuva

Nos dias seguintes, Matt e Nadia conversaram com frequência. Quanto mais analisava as tocas, mais alarmado ele ficava. De modo que também naquela noite não conseguiu dormir direito, pensando em formas de enfrentar o problema. Quando começou a ouvir *ping, ping*, não compreendeu de imediato o que acontecia. Então o ruído começou a ficar mais alto, até se tornar estrondoso.

A chuva havia chegado.

Matt correu para a superfície e viu como a terra seca logo sugava os pingos que caíam, porém não demorou muito até que uns poucos centímetros de água cobrissem uma parte que não conseguia absorvê-la rápido o bastante. Ele não entrava em pânico com facilidade, mas sua mente precisou de pouco tempo para chegar à óbvia e tenebrosa conclusão: em breve a chuva alcançaria o interior das tocas e, dadas as más condições de alguns dos túneis, certamente haveria desabamentos.

"Chuva! Acordem! Saiam daí!", ele gritou, disparando para dentro de sua toca.

Alguns suricatos reagiram depressa e correram para fora, carregando filhotes que não faziam ideia do que estava acontecendo porque nunca tinham visto uma chuva em suas jovens vidas. Matt correu na direção de outra toca a fim de alertar seus ocupantes, mas já era tarde demais. O túnel desabara, enchendo-se depressa e aprisionando os suricatos que ainda dormiam.

"Ajudem aqui! Aqui!", gritou Matt. Outros rapidamente se juntaram a ele e começaram a cavar um novo canal até uma toca cuja entrada principal já estava transbordando com a chuva. Matt conhecia os melhores caminhos e também os mais rápidos, graças ao seu mapeamento, mas não sabia ao certo se os suricatos ainda estariam na caverna principal ou se teriam fugido por um canal lateral. Quando enfim ouviram guinchos desesperados vindo de dentro da toca, souberam que estavam no caminho certo. Pouco depois, as vítimas horrorizadas abraçavam seus exaustos heróis.

Matt afastou um suricato, ao mesmo tempo amedrontado e jubiloso, quando ouviu mais gritos à esquerda e à direita. "Vamos lá!", gritou para todos à sua volta. "Ainda temos muito trabalho pela frente!"

Arriscando a própria vida, com a ajuda de alguns outros, Matt repetiu sua façanha. Mais seis foram resgatados. As tocas, porém, estavam um caos. A falta de uma manutenção sistemática lhes custou caro.

Sete suricatos morreram naquela noite. Os sobreviventes estavam atônitos.

No dia seguinte, se sentaram isolados uns dos outros ou formaram pequenos grupos, conversando em voz baixa. O clima era de tristeza e luto, mas havia algo mais ali: a crescente tensão das últimas semanas enfim encontrava a sua válvula de escape. A busca por um culpado começava.

Alguns dos primeiros membros do clã veneravam os velhos tempos, quando eles ainda eram poucos e todos se importavam de verdade uns com os outros. Atribuíam os problemas atuais àqueles que se juntaram recentemente ao grupo. "Não somos mais os mesmos e a culpa é deles! Precisam ir embora!"

Os "coletores" culpavam todos aqueles que falavam bonito, mas nunca apareciam para trabalhar regularmente. "Estou cansado de ficar cobrindo o turno dos outros. Essa ideia de que as tarefas são facultativas é absurda e totalmente fantasiosa!"

Outros debatiam sobre a necessidade de alguém para assumir o comando daquela situação caótica e instaurar a ordem por meio de um pulso firme.

Lena, no meio disso tudo, embora se esforçasse para não deixar transparecer, estava abalada por constatar que sua visão sobre o funcionamento do clã ia de mal a pior, se perguntando o que acontecera.

Nadia não conseguia acreditar que, uma vez mais, o mundo estava se despedaçando diante de seus olhos. Suas pernas titubearam e ela se sentou. O tempo passou. Uma hora? Duas? Muitas coisas passaram por sua cabeça, uma mistura de perplexidade, tristeza e desesperança.

O que ela havia aprendido tão depressa a amar; toda a energia, paixão, visão e liderança, mesmo quando partia dos membros mais novos do grupo; o que ela quase acreditou ser a melhor maneira de conduzir um clã... se mostrava um enorme fracasso.

Mas por que motivo? Ela imaginou o pequeno número de suricatos que encontrou ao chegar e o grupo de agora, muito maior. Pensou na disciplina, na estrutura e nas regras que o irmão, e também Matt, acreditavam serem tão importantes e que inexistiam ali —para prejuízo deles? Mas o gerenciamento de suricatos fracassara em seu clã natal!

Foi quando a famosa lâmpada se acendeu.

Capítulo 5

A manhã seguinte estava mais iluminada e clara. Assim como a mente de Nadia.

"Lena, precisamos conversar", disse ela, quando encontrou a fundadora do clã debaixo da árvore comunal.

Uma Lena com aspecto exasperado pediu que Nadia se sentasse. Nadia a encarou e disse: "Você é uma líder maravilhosa, Lena, de verdade."

O olhar de Lena baixou até chegar às próprias patas. "É muito gentil da sua parte, Nadia, mas, dadas as circunstâncias..."

Nadia tocou gentilmente a nova amiga até que ela voltou a erguer a vista. "Você é sem sombra de dúvida a suricata mais inspiradora e encorajadora que conheci na vida."

As duas ficaram olhando uma para a outra, então Lena disse, com uma voz macia: "Obrigada, Nadia. Sua opinião significa muito para mim."

"Quando me juntei ao clã", continuou Nadia, "fiquei impressionada com o espírito deste lugar, que *você* estabeleceu. Isso despertou o melhor em muitos de nós e proporcionou coisas incríveis, como a fazenda de insetos e a partilha de alimentos, que se concretizaram tão depressa".

"Não fui eu, Nadia", interrompeu Lena gentilmente. "Foram os ideais e a nossa visão. Foi um grupo que se formou e acreditou apaixonadamente nisso. Foi toda a energia e a criatividade destemidas que isso ajudou a produzir, auxiliadas, suponho, por algum encorajamento da minha parte aqui e ali, para manter o otimismo, apesar dos obstáculos e dos reveses."

Lena passou a maior parte da noite acordada pensando *por que* tudo havia acabado tão mal, mas Nadia tinha uma pergunta melhor.

"*Quando* foi que tudo começou" — Nadia se deteve, então prosseguiu — "a sair dos trilhos?"

Se Lena se ofendera ou tinha partido para a defensiva, não deixou transparecer. "Em retrospecto", respondeu, "talvez tenha sido quando nos tornamos um clã de trinta, mais ou menos. Talvez não seja possível conduzir um clã de mais de vinte e cinco suricatos". Nadia fez que não com a cabeça. Tudo começava a fazer sentido.

"Em meu clã natal, havia cento e cinquenta de nós! E nunca tivemos um desabamento de toca, um posto de vigília sem guarnição ou suricatos cuidando dos filhotes mesmo não sendo aptos para isso. Todos desempenhavam uma função e tinham uma contribuição a dar, para então conquistar o direito de pertencer ao clã. E fazíamos bem o nosso trabalho!"

Nadia desenhou o diagrama circular de Lena na areia. "Esses círculos e os princípios por trás deles não podem proporcionar isso. Eles conseguem nos motivar a agir e inovar com bastante energia, e às vezes com uma rapidez surpreendente, mas não consigo enxergar como vão garantir que um clã grande cumpra uma rotina diária de trabalho de maneira confiável."

Nadia, então, desenhou linhas e caixas junto ao diagrama circular de Lena e ouviu a si mesma repetindo o que Nicholas dissera a ela não muito tempo atrás, a respeito do gerenciamento.

Lena escutou. Seus olhos observavam intensamente o novo diagrama. Com sua gentileza habitual, ela concordava com o que Nadia lhe dizia. Dava para ver em sua expressão que estava absorvendo essas novas ideias, ou pelo menos tentava.

Muito do que Nadia descreveu soou para Lena como o clã de sua infância, o que abandonara. Mas o método de Nadia era mais lógico, sofisticado e menos arbitrário. Não era cheio daquelas regras nitidamente absurdas, nem de líderes que não mereciam ocupar aquelas posições.

Quando Nadia terminou seu discurso à la Nicholas, Lena apontou para os dois desenhos na terra e, antecipando o ponto em que Nadia queria chegar, disse: "Mas eles são tão diferentes. Como poderiam funcionar juntos?"

Nadia refletiu por um instante. "Lena, você é criativa e aberta a ideias novas e até meio loucas?"

"Espero que sim", respondeu Lena.

Os olhos de Nadia cresceram ainda mais. "Você duvida? É claro que você é! E, ainda assim, tem a disciplina e a organização necessárias para cumprir suas tarefas, certo?"

Lena se conteve, então disse: "Nem de longe as mesmas que as de alguns suricatos que conheço, mas, sim."

Não demorou muito até que Lena captasse a lição contida em suas próprias palavras. "Se um único suricato pode ser criativo e disciplinado, ainda que em níveis distintos, por que um clã não poderia?", concluiu, apontando para os dois desenhos.

Nadia assentiu.

"Mas se eu tivesse que passar o dia inteiro fazendo essas coisas que você chama de 'gerenciamento', acho que eu cairia dura. Ou enlouqueceria", confessou Lena.

"E por que você teria?", indagou Nadia com um sorriso. "Já viu algum suricato com talento de fazer tudo perfeitamente? Eu nunca vi. E, no entanto, costumamos realizar grandes feitos — trabalhando juntos."

A mente de Lena trabalhava furiosamente. Tinha ainda tantas perguntas a responder sobre como fazer com que dois tipos de clãs tão diferentes trabalhem em conjunto, e colham os benefícios de ambos, evitando também as suas respectivas limitações. Mas nunca em sua vida precisara de todas as respostas, bastando-lhe um caminho promissor.

"Você me ajudaria a concretizar essa ideia?"

Nadia parecia dividida. "Não posso, Lena. Não sou a sua companhia perfeita para essa jornada. Preciso voltar o quanto antes para o meu clã natal, para contar a eles essa minha descoberta. Espero que saiba o quanto me importo com você e com todos neste lugar, mas preciso pelo menos tentar ajudar os suricatos que me criaram, sinto muita falta do meu irmão mais velho. Além disso, você tem exatamente o que precisa bem aqui."

Nadia olhou em volta — e logo encontrou o que procurava. Lena acompanhou o olhar de Nadia e chegou ao mesmo destino.

"Matt?", perguntou Lena.

"Com certeza. Ele é um gestor fantástico e inteligente o bastante para abraçar essa ideia." Nadia apontou para os dois diagramas. "Ele a respeita muito", acrescentou, "e você parece respeitá-lo".

Nenhuma das fêmeas disse mais nada por alguns instantes. Até que Lena ponderou: "Mas eu nunca vi um clã funcionar desse jeito antes. Você já?"

Nadia sorriu. "E quantas vezes você já tinha visto uma fazenda de insetos?"

Elas se calaram, e Lena sorriu de volta. "Quando você parte?", ela quis saber.

"Hoje à noite."

Lena suspirou, mas logo ofereceu a ela um de seus sorrisos mais calorosos. "Desejo tudo de melhor para você.

Obrigada por tudo. Por favor, volte sempre que quiser. Você sempre será bem-vinda aqui."

Abraçaram-se pelo que pareceu um longo tempo. Até que Nadia se afastou.

A grande oportunidade

"Tenho que ir com você", disse Ayo.

"Mas você tem feito a diferença aqui", contrapôs Nadia. "Acho que poderia ajudar Lena e Matt. Você tem um grande futuro à sua frente..."

Ele a interrompeu. "Eu teria um futuro miserável à minha frente se algo lhe acontecesse no caminho de casa. E, caso não tenha notado, eu acho impossível ser feliz sem ter você por perto!", disse Ayo um tanto exaltado, falando mais alto do que pretendia.

Nadia se deteve, olhando para Ayo com uma certa surpresa e abrindo um grande sorriso. "Tudo bem..."

"Então, o que fazemos agora?", ele perguntou.

Nadia pensou. "Vamos andar à noite mais uma vez. Nos encontramos na árvore comunal assim que escurecer."

Ayo assentiu.

Ela continuou: "Agora preciso ir e me despedir dos meus amigos e convidar a todos que queiram partir conosco. Você devia fazer o mesmo."

Foi o que ele fez. E pouco depois do pôr do sol, após algumas despedidas um tanto comoventes, a dupla partiu com um punhado de outros suricatos que desejavam, por uma série de motivos, se juntar a eles.

Foram na direção leste, refazendo depressa o caminho que Nadia e Ayo percorreram da vez anterior. Passaram pelo local que aquele clã fadado à extinção havia habitado. Ninguém mais estava ali. Nenhum suricato. A visão era desoladora.

"Vamos apressar o passo", ela sugeriu, e foi exatamente o que a sua pequena comitiva fez.

Na aurora seguinte, viram um grupo de andarilhos. Ao chegar mais perto, Nadia percebeu que não eram andarilhos de verdade. Eram Nicholas e alguns de seus guardas!

Irmão e irmã correram na direção um do outro e se encontraram num abraço bem apertado. Era uma reunião bastante emocionante — sentiram um grande, caloroso e profundo alívio por saber que o outro estava são e salvo. No entanto, em menos de um minuto Nicholas se desvencilhou e liberou sua revolta.

"Por que vocês foram embora? Por onde estiveram? Eu estava morto de preocupação!" Notou o grupo de suricatos com Nadia e Ayo. "E quem são eles?"

Nadia se adiantou. "Eu explico tudo. Mas primeiro me diga como estão as coisas em casa."

E foi o que ele fez. Os ataques do abutre e a seca já eram ruins o bastante. Até que uma tempestade de areia aprisionou o clã já debilitado em suas tocas por dois dias. Não havia qualquer procedimento para enfrentar uma tempestade de areia de dois dias de duração ao mesmo tempo em que tentavam lidar com outros problemas nunca antes vistos. As novas ameaças, somadas à incapacidade do clã de lidar com os problemas, os capturaram num turbilhão de fome, raiva e ansiedade, que primeiro deteve o crescimento do clã e depois o levou até mesmo a diminuir de tamanho.

"Tivemos alguns casos bem-sucedidos. Não foram só fracassos. Desenvolvemos algumas técnicas para lidar com o abutre", disse Nicholas. "Aos poucos, a vida está melhorando." A expressão "aos poucos" soou angustiada, irritada e cheia de frustração.

Nicholas se voltou para Ayo. "Algumas semanas atrás eu ouvi de um dos meus guardas a respeito do seu método de ir ao topo da árvore. Consegui que fosse adotado na maioria das vezes, mas nem sempre." Nicholas ficou sem jeito de dizer que alguns dos guardas, por uma razão qualquer, não vinham seguindo suas ordens de trabalhar conjuntamente dessa nova maneira. "A sua ideia fez toda a diferença, Ayo."

Ayo abriu um grande sorriso. Embora não demonstrasse, estava quase em êxtase por enfim ter ajudado o clã com sua inovação.

A seca praticamente havia acabado, mas a experiência do fracasso havia deixado um dos alfas (Moro), Nicholas e dois chefes de família um tanto preocupados. O que teriam deixado passar? E, o que era ainda mais sério, alguns membros do clã pareciam agir como se tudo estivesse bem agora que não havia nenhuma crise grave, como se a necessidade de refletir sobre o passado não importasse.

"Acho que temos uma solução", disse Nadia ao irmão.

Ele arregalou os olhos. "É sério?"

"É, sim."

"Então me conte."

"Depois", sugeriu Nadia. "Não sei quanto a vocês, mas, depois de caminhar a noite toda, estou faminta e precisando de uma soneca, nessa ordem."

Ela olhou à sua volta e encontrou um apoio inequívoco nos olhos de cada viajante, mas antes que todos saíssem correndo em todas as direções em busca de insetos crocantes, escorpiões e coisas do gênero, ela disse: "Ainda temos uma longa caminhada pela frente e precisamos estar em nossa melhor forma. Não podemos ir mais rápido do que os mais lentos de nós. No clã do qual acabamos de sair, aprendemos a partilhar todo e qualquer alimento que esteja para além das nossas necessidades básicas."

Um mar de incompreensão emergiu nas faces de Nicholas e de seus guardas.

"Meus amigos trarão as suas respectivas coletas", explicou Nadia, "para dividir com aqueles que não tiveram a mesma sorte. Se quiserem, vocês podem se juntar a eles".

Para Nicholas e seus guardas, aquela era uma ideia radical. Os guardas olharam para ele em busca de liderança, e ele retribuiu com um aceno quase imperceptível. Assim, uma hora depois estavam todos reunidos novamente, partilhando suas coletas de forma mais ou menos igualitária, conversando e até rindo em alguns momentos.

Após tirar um cochilo, Nicholas se arrastou para fora da toca e encontrou Nadia já sentada debaixo de uma árvore. "Como você está?", ele perguntou à sua irmãzinha favorita.

"Muito feliz de estar com você de novo. Eu senti muito a sua falta." E, depois de uma pausa: "Preciso explicar o que aprendi aos alfas, betas e... bom, para todo o restante do clã. Nem tenho certeza de como farei isso."

"Que tal começar comigo?", sugeriu Nicholas, correndo para ficar ao seu lado. Sua expressão sempre demonstrava respeito quando estava com Nadia, mas, ao observar mais de perto, percebia-se agora também uma dúvida sobre a irmã mais nova ter realmente encontrado uma solução mágica para aquela situação tão difícil. "Se conseguir passar por mim, os outros serão um desafio bem mais simples."

Nadia então disse a ele: "Você é um ótimo gestor, o melhor que eu já vi."

Sem dúvida isso o deixou lisonjeado.

"Temos outros no clã que pelo menos são bons gestores, mas..." Nadia se deteve. "Quando acha que os problemas do nosso clã começaram?"

Ele considerou a pergunta. "Acho que foi no momento em que passamos a enfrentar o abutre, mais cobras e a seca. Tudo isso sobreveio de maneira rápida e inesperada. Eu nunca tinha visto nada parecido."

Nadia tocou o braço de Nicholas e disse: "O clã de Lena — onde eu estava vivendo — precisou lidar com praticamente os mesmos desafios e, pelo menos por um tempo, o fizeram de forma brilhante. Criativa. Rápida. Era fantástico."

Ela rabiscou o desenho de Nicholas na areia. "Nossas caixas e linhas, betas e alfas, regras e procedimentos, apurações e porcentagens, não são capazes de fazer o que eles fizeram. Ou pelo menos eu não vejo como poderiam. Nosso estilo de vida foi elaborado para fazer com que um clã numeroso... funcione bem. Para que a rotina de trabalho diário seja cumprida da forma como deveria e de modo constante. Hoje eu entendo que isso não acontece assim, do nada. Você precisa ser astuto e disciplinado quando tem um grupo de cinquenta, cem ou duzentos membros, mas, me desculpe, irmão, essas nossas habilidades são péssimas para lidar com quase tudo que é novo e inesperado, sobretudo quando aparece assim, de uma hora para outra."

Nicholas ficou um pouco magoado, mas, à luz das experiências recentes, não podia realmente argumentar com ela.

Nadia começou a desenhar os círculos de Lena e explicou a Nicholas o que havia aprendido sobre o funcionamento daquele estilo de vida. Falou muito sobre liderança, e não apenas partindo de um alfa, mas de qualquer suricato. Ele ouviu, tentando absorver tudo — mas não era fácil. Nunca vira nada como aquilo.

Ela então traçou linhas interligando os dois diagramas, transformando as duas figuras em uma só.

Conversaram longamente pelas horas que se seguiram. Nicholas tinha várias questões: "Mas quem realmente estaria no comando? E se um dos meus guardas abandonar um posto de vigília para se dedicar a uma dessas 'iniciativas'? Não temos suricatos o bastante para ocupar todas as funções." Nadia tentava oferecer respostas da melhor maneira possível. Mas, sinceramente, estava apenas fazendo suposições lógicas, já que nunca tinha realmente visto aquilo que desenhou no solo.

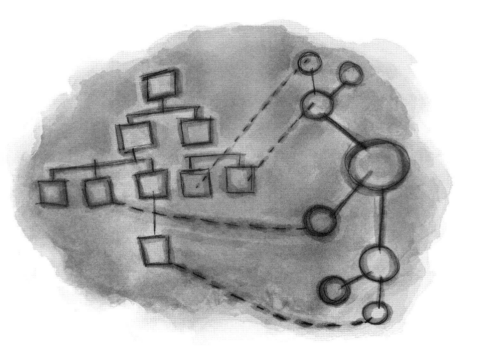

Quando o olhar de Nicholas pareceu se perder no horizonte, sua irmã perguntou: "Em que está pensando?"

Ele se voltou para ela e ponderou se devia dizer o que passava por sua cabeça. Nadia falou com firmeza: "Não é hora de mentir para a sua irmãzinha só porque acha que ela não aguenta a verdade."

Nicholas respirou fundo e disse: "Os outros betas, aliás a maioria deles, e pelo menos um dos alfas, logicamente vão pensar que isso vai gerar o caos. Vão achar bastante surreal esperar que um suricato jovem e inexperiente assuma um projeto importante e se saia bem nisso. Eles jamais permitiriam essas atividades" — e apontou para os círculos — "sem saberem quem está no comando ou sem apurações que indiquem se o grupo está progredindo ou não. Ainda que fossem obrigados pelos alfas a seguirem esse modelo, pelo menos alguns dos betas tentariam sem dúvida controlá-lo. Ou acabar de vez com ele. Os betas..."

Parou de falar ao ver a face da irmã parecendo desencorajada. Talvez tenha cometido um erro expondo seus pensamentos a ela.

Nadia respirou fundo e fechou os olhos. Quando os abriu, disse ao irmão: "O clã está prosperando e crescendo? Como foi que ele enfrentou a crise da tempestade de areia? Vocês conseguem dormir bem à noite sabendo que seus amigos estão a salvo? O clã tem correspondido às suas esperanças e ambições?" Fez uma pausa e, em seguida: "Se é de resultados diferentes que precisamos, vamos nos limitar a consegui-los fazendo as mesmas coisas de sempre, mas gastando ainda mais energia?"

Nicholas olhou para baixo em silêncio pelo que pareceu um longo tempo. Então seu tórax se expandiu e ele respirou bem fundo. Ergueu os olhos na direção da irmã e disse apenas: "Temos um trabalho importante pela frente."

Naquela noite eles andaram uma vez mais, e na manhã seguinte chegaram ao antigo clã.

Tentando explicar

Enquanto Nadia estava ocupada tentando acalmar os animados filhotes que a abordavam por todos os lados, Nicholas partiu para a ação. Falou brevemente sobre a ideia de Nadia com os três suricatos anciãos que mais o apoiaram em seu pedido de procurar pela irmã: um alfa (Moro) e dois chefes de família. Os três sem exceção tiveram dificuldade para entender o que Nicholas estava dizendo, mas eles ouviram.

Depois de questões, questões e mais questões, os olhares se voltaram para Moro. O suricato ancião fitou o vasto deserto, que parecia se estender indefinidamente. "A maior parte do clã parece achar que estamos nos recuperando e que a vida voltará ao normal daqui a um tempo." Devagar meneou com a cabeça, de um lado para o outro. "Mas não é o que eu vejo. Existem sinais, talvez não tão dramáticos, de que nosso mundo está mudando de forma permanente. Se for esse o caso..."

No dia seguinte, Moro conversou com sua parceira de chefia, Mara, sobre convocar uma reunião com todos os betas e incluir Nadia. Mara olhou para o seu parceiro como se ele tivesse batido com a cabeça e não estivesse em seu juízo perfeito. Dar ouvidos a uma suricata jovem e inexperiente que abandonara o clã?! Mas Moro foi insistente, de um jeito suave porém decidido. Sem entusiasmo, mas tampouco desejando começar uma discussão, Mara acabou concordando.

E foi assim que Nadia se viu falando com Mara e todos os betas sobre a ideia de combinar, de algum modo, duas formas bem distintas de se trabalhar em um único clã.

A uma distância respeitosa, alguns dos outros suricatos adultos se aproximavam para tentar ouvir aquela conversa tão incomum. Aos poucos, se tornaram uma dúzia, então duas dúzias, e logo quase metade dos adultos e alguns filhotes estavam ao redor dos chefes e de Nadia. Um mero rosnado de ambos os alfa teria sido o suficiente para colocar aquela multidão para correr. No entanto, apesar dos grunhidos de Mara, o rosnado duplo não aconteceu.

Moro abriu a reunião. "Todos nos importamos demais com os outros membros deste clã para deixá-los mais uma vez à mercê de ataques repentinos e da fome, ou de algo ainda pior. Precisamos lembrar, não estamos sozinhos neste mundo. Há muitos que ficariam felizes em ocupar o nosso lugar, comer da nossa comida ou, se tiverem oportunidade, até nos transformar em lanches. Não podemos simplesmente nos acomodar, cada um de nós cuidando do trabalho diário ou trabalhando um pouco melhor, torcendo para que apenas coisas boas aconteçam."

A fala de Moro era dirigida aos betas e a Mara, mas ele tinha plena ciência da crescente multidão à sua volta. E sabia muito bem que tudo o que dizia estava, de fato, sendo absorvido por esse grupo mais amplo.

"Como vários de vocês sabem, Nadia estivera andando por aí, e aprendeu algumas lições que talvez sejam de nosso interesse. Quero que ouçam atentamente e ajudem os seus alfas a criar uma solução."

Nicholas desenhou o diagrama com as caixas e círculos e Nadia começou a contar a história de sua jornada. Falou sobre os clãs que encontrou no caminho, de quando enfim chegou até o grupo de Lena, e de como eles prosperavam e cresciam apesar de enfrentar a ameaça de novos predadores e a falta de chuva. Mencionou o fato de que a esse grupo faltavam justamente as habilidades que seu clã natal possuía — que os alfas e os betas possuíam — que gerou terríveis problemas, a partir do momento em que o próspero grupo ultrapassou certo patamar de crescimento.

Ao mencionar "suas habilidades cruciais", alguns dos betas e também Mara assentiram com total conhecimento de causa.

Nadia então falou da roda de líderes, da energia e da paixão, do voluntariado, da ideia de visão, da vontade e da habilidade de criar e mudar, da fazenda de insetos e da partilha de alimentos. Falou de como aquele clã prosperou e cresceu — até um determinado ponto — quando todos os outros, incluindo o seu próprio, sofriam amargamente depois que sua realidade começou a mudar com tamanha rapidez.

A concordância da parte de alguns betas e de Mara foi substituída por olhares de incompreensão e desconfiança.

Bem diferente de Mara, o outro chefe ouvia com a máxima concentração e de vez em quando ainda comentava com um "sim", mas o próprio Moro não era um dos sujei-

tos mais pacientes do mundo e tinha um limite de tolerância para "o que" poderia ou deveria ser feito, de modo que começou a pressionar para chegarem à parte do "como".

Como poderiam utilizar essas possíveis lições e dar o próximo passo de maneira prática, sem impor riscos inaceitáveis e parecendo plausível para qualquer suricato?

"Que tal começarmos pela fazenda de insetos?", sugeriu Nadia num impulso. O clã ainda não dispunha de comida suficiente. Nadia podia ver que se tratava tanto de um problema diário para eles quanto de uma oportunidade, e talvez das grandes, de ajudar de forma imediata e demonstrar que algo bastante diferente era possível e transformador.

Nicholas assentiu vigorosamente e transmitiu olhares encorajadores à irmã.

Ela explicou o que era a fazenda de insetos. Alguns dos suricatos ficaram confusos, outros horrorizados, mas uns poucos enxergaram para além disso, vendo uma ideia potencialmente maravilhosa ali.

Dois betas fizeram perguntas e então o debate teve início. Quando a conversa começou a enveredar por uma direção ruim, Nadia, quase que à maneira de Lena, disse: "Todos amamos demais os nossos companheiros suricatos para arriscar uma nova escassez de alimentos." Ela se ergueu de um modo quase idêntico ao de Lena. "Não precisamos construir uma fazenda inteira ou algo que beire à perfeição. É simplesmente uma coisa que vai ajudar muitos de nós a entender as verdadeiras oportunidades que existem por trás dessa ideia."

Sua expressão brilhava de paixão e convicção profundas. "Podemos solucionar e viabilizar tudo isso se um número suficiente de suricatos acreditar na proposta." Apontando para os alfas e para os betas, acrescentou, respeitosamente: "E esse número precisa começar com vocês."

Um beta ponderou, com bastante firmeza: "Mas já estamos ocupados demais para oferecer suricatos que possam construir essa tal fazenda."

Nadia assentiu. "Tudo bem. Não se trata de criar um grupo só para a fazenda e tomar recursos das demais funções. Vamos ver primeiro se conseguimos alguns voluntários dispostos a cumprir suas tarefas habituais e também trabalhar na construção da fazenda."

O beta revirou os olhos, pensando: *Mas, sinceramente, por que alguém faria isso?* Eis o que ele disse em voz alta: "Mesmo que você esteja certa e os seus voluntários trabalhem por tantas horas, em algum momento acabarão exaustos e desistirão. Aí então o seu projeto vai fracassar e, *ainda por cima*, eles não conseguirão cumprir suas funções regulares."

Sem perder um único segundo, Nadia replicou: "O que eu vi no clã de Lena era que, quando os suricatos estavam cansados ou ocupados demais com outras coisas, eles saíam, sem se esgotarem. E outros acabavam se oferecendo para substituí-los. Não era como se Lena ou um beta exercessem qualquer tipo de pressão sobre aqueles suricatos, e só era a função extra deles até que o trabalho tivesse terminado. Acho que isso fazia toda a diferença."

Outro beta imediatamente entrou na conversa, disparando perguntas: e quanto a isso e aquilo e aquilo outro? Nicholas queria ir até cada um daqueles chefes teimosos e lhes dar um tapa na cabeça, mas sabia que isso não ajudaria em nada.

Tampouco Nadia precisava de ajuda. Sabia que estava certa e isso transparecia nela. Seus olhos percorreram a multidão inteira, e ela disse: "Não estou dizendo que não vamos encontrar nenhum problema. Mas eu sei que, se suricatos suficientes acreditarem na oportunidade de criar um clã realmente melhor, mais forte e mais seguro, um clã que vai voltar a crescer e prosperar, nós tornaremos isso possível — não importa o que aconteça."

Todos a encaravam. Dava até para ouvir uma folha caindo da árvore comunal. Não era algo que uma suricata jovem faria diante dos seus superiores. Essa não era a Nadia que todos conheciam até bem pouco tempo atrás. Ela havia mudado.

Mara e a grande maioria dos betas claramente não foram convencidos, mas Moro se ergueu o máximo que conseguiu e disse, com toda a firmeza: "Acho que ela tem razão sobre uma possível oportunidade aqui. Temos essa responsabilidade com o futuro do clã e para com nossos filhotes. E, se isso exige ajustes no modo como trabalhamos, mesmo que sejam grandes ajustes, é nossa responsabilidade realizá-los."

Fez uma pausa, olhou para a multidão inteira e continuou. "É fácil questionar uma nova ideia? Sobretudo quando ela é tão diferente?" Depois de um breve momento, ele mesmo respondeu: "É claro que sim."

Virou a cabeça para encarar diretamente os betas e Mara. "Diferentes circunstâncias não deveriam exigir diferentes ideias? Talvez até bem diferentes?" Após uma breve pausa ele terminou seu pensamento: "A única resposta lógica é sim."

Moro em nada lembrava Lena, considerando as personalidades tão distintas dos dois, mas havia na voz do primeiro a mesma determinação profunda e poderosa onipresente nos discursos da segunda.

Assim, com Moro se posicionando a favor, Nicholas e outro beta assentindo vigorosamente e o clã inteiro assistindo, os outros chefes acabaram por parecendo um pouco mais dispostos a experimentar algo novo — ou pelo menos a não se fecharem para a ideia.

Com um sorriso surpreendentemente esperançoso e ainda assim meio desconfiado, Moro perguntou: "Quem deseja ajudar com a fazenda de insetos?"

As patas de Nicholas e do chefe de família que havia instruído Nadia foram as que se ergueram mais depressa. E a elas se seguiram outras doze, de suricatos que até tentavam ultrapassar a multidão para ouvir melhor a conversa.

Moro pareceu um pouco surpreso, porém satisfeito. "Bom." E de uma maneira bastante inesperada complementou: "Me procurem se precisarem de alguma coisa."

E então encerrou a discussão.

Urgência, liderança, voluntariado e vitórias

Nicholas saiu para falar com Nadia bem cedo na manhã seguinte. "O que fazemos agora?"

Ela balançou a cabeça. "Não pretende jogar tudo para cima de mim, não é?"

"Não", ele disse, soando um pouco na defensiva. "Não foi a minha intenção." Fez uma pausa e então continuou: "Tudo bem, talvez tenha sido. Mas já entendi o que você quis dizer. O que posso fazer para ajudar?"

"Espalhe por aí o quanto você está animado com a oportunidade de acabar com o problema da fome e de construir um clã mais seguro. Ressalte que Moro parece apoiar a iniciativa. Além disso, diga que qualquer um disposto a se voluntariar para a fazenda de insetos deve comparecer ao meio-dia debaixo da árvore comunal. Vou fazer o mesmo."

Nicholas assentiu, e então Nadia perguntou: "É claro que estou maravilhada com a forma como Moro está agindo, mas por que será que ele está nos apoiando, pelo menos na aparência?"

Nicholas vinha refletindo sobre essa mesma questão. "Ele se importa demais com o clã e não deve estar nada contente com o que passamos aqui. Mas imagino que possamos dizer o mesmo para Mara." Inclinou a cabeça, obviamente pensando no assunto. "A única resposta que tenho — e não é bem uma resposta — é que Moro parece sentir por puro instinto que algo na sua ideia faz sentido. Não sei ao certo, enfim... É melhor começarmos a espalhar essas informações."

E assim o fizeram. Ao meio-dia em ponto havia dezessete suricatos curiosos que mal podiam esperar para colocar a ideia da fazenda de insetos — ou, em alguns casos, qualquer ideia realmente nova — em prática. Nadia perguntou se alguém gostaria de tomar a frente do projeto, mesmo que fosse apenas para facilitar uma discussão produtiva. Isso naturalmente confundiu muitos dos presentes, por presumirem que os dois betas mais velhos daquela sessão assumiriam a liderança, mas Nadia contou a eles a história de Tamu e Ayo ajudou o grupo esclarecendo cada dúvida, encontrando um mediador para a reunião e assim por diante.

A cada dia pareciam se deparar com um novo obstáculo. Os betas das tocas basicamente ordenaram que dois de seus suricatos, que estavam contribuindo com grande vigor na equipe da fazenda, parassem com aquilo e se dedicassem apenas ao trabalho nas tocas. Eles de fato pararam e, bem como Nadia previra, dois outros novos voluntários apareceram para ocupar suas funções. Os suricatos sairiam — mas sem chegarem à exaustão, como alguns dos betas haviam previsto.

Mara continuava dando sinais de que talvez nunca apoiasse aquele projeto. No entanto, Moro, de algum modo, longe da vista de todos, conseguia impedir que ela sabotasse a construção da fazenda. Quando um clã vizinho invadiu e caçou no território de Moro e Mara, em mais de uma ocasião, a alfa obteve a atenção dos suricatos e desviou quase todo o foco para longe da fazenda, num momento em que o projeto realmente precisava de cuidados. Mesmo assim, tal como Nadia previra, alguns dos voluntários se recusaram a deixar a fazenda de lado, trabalhando quase sem descanso.

A energia de alguns desses voluntários era impressionante. Cumpriam suas funções regulares e empregavam todo o tempo restante na fazenda. Nadia e Nicholas eram incansáveis. Outro beta, por uma razão qualquer, começou a agir praticamente igual a Nicholas. E Moro, com seu jeito circunspecto e, sem dúvida, nada marcante ou carismático, encontrou tempo em sua atribulada rotina para visitar os fazendeiros de insetos, pelo menos por uns poucos minutos, todos os dias. Um sorriso aqui ou um tapinha nas costas ali surtiam um efeito tremendo. As histórias das visitas de Moro, por si só, espalharam-se pelo clã, com a velocidade da mais forte ventania do Kalahari.

Quando o projeto começou a proporcionar seus primeiros insetos — algo que aconteceu surpreendentemente rápido —, os voluntários convidaram os alfas, os betas e todos os demais membros para verem por si mesmos em que estava dando aquela atividade tão fora do comum. Era mais uma atitude sem precedentes — suricatos comuns não costumavam convidar os chefes para coisa alguma, mas muitos dos chefes compareceram, incluindo Moro, que chegou antes da hora.

A fazenda, embora ainda estivesse em um estágio inicial, deixou muitos suricatos boquiabertos e muitos outros mais abertos a escutar o que mais Nadia e Ayo haviam aprendido em sua jornada longe do clã. A discussão sobre a oportunidade de fazer algo significativo para o clã só fez aumentar — sobretudo quando Moro e alguns dos betas começaram a comentar com frequência sobre aquela grande oportunidade. A complacência de outrora — as ações daqueles que se sentiam mais seguros e se acomodavam — ia enfraquecendo quase que dia após dia. Ansiedades e temores que em nada ajudavam também pareciam se dissipar conforme crescia o sentimento de que precisavam agir de maneira diferente, e o quanto antes.

"Que fazemos agora?", perguntou Nicholas à irmã.

Nadia refletiu. "Queria que Lena estivesse aqui."

Nicholas a encarou com severidade. "Mas ela não está. Então, repito, que fazemos agora?"

"Talvez uma roda de líderes formada por voluntários, como a que Lena organizava, ajude a nos guiar. Essa era a figura central do seu diagrama de círculos. Agora que já reunimos interesse e energia suficientes dos demais, acho possível alcançar mais esse objetivo."

E de fato foi possível. Um núcleo de cerca de doze suricatos começou a se reunir regularmente com Nadia e Nicholas. Quando Mara tomou conhecimento, quis impedir a tal atividade não autorizada, mas Moro levou a melhor. O núcleo começou a deliberar sobre onde empregaria sua energia. Contando com meia dúzia de suricatos motivados, Ayo conduziu um processo cujo propósito era tornar aquela nova ideia para a vigilância 100% aplicável para todo o clã. Uma vez mais, o projeto se mostrou bem mais desafiador do que se imaginava, mas Ayo e sua equipe eram implacáveis. Um suricato de idade mais avançada, dado por todos como incapaz de ajudar, se ofereceu para conduzir a iniciativa contra a tempestade de areia. E, para a surpresa geral, graças àquela paixão recém-descoberta e à sua dedicação, ele cumpriu a tarefa. Credibilidade, ímpeto e urgência continuaram crescendo conforme os membros da roda de líderes voluntários comentavam com seus amigos e grupos familiares acerca das iniciativas e dos frutos colhidos até então.

No quinto encontro da roda de líderes, um suricato chamado Pano apareceu com um montinho de pelos estofado com palha. Fora moldado de modo a ter braços e pernas e uma cabeça e olhos, e era... fofo, na verdade.

Todos olharam para aquilo. "De onde saiu isso?", indagou um dos membros.

"Minha irmã que fez", lhes disse Pano. "Não sei como. Mas o que ela me disse foi o que realmente me chamou a atenção. Ao que parece, se você der isso para os suricatos mais novos abraçarem quando se machucarem ou estiverem doentes, eles saram mais depressa e exigem menos a presença de outros no nosso grupo familiar para observá-los, alimentá-los e todo o resto que costumamos fazer pelos enfermos. Ela falou que já viu isso acontecer uma série de vezes."

Todos os olhares se dirigiam para o bicho de palha. Até que alguém perguntou: "Mas, se isso é mesmo verdade, por que nunca soubemos disso?"

Sem saber o que dizer, Pano encolheu os ombros.

Alguém comentou: "Isso é interessante. Gostaria de conversar com a sua irmã e tentar algo mais abrangente, assim que encontrar outros voluntários dispostos a ajudar. Tudo bem?"

A roda de líderes discutiu a estranha ideia. Nem todos a princípio acreditavam que fosse dar certo, mas uma das lições que o grupo havia aprendido era de que não precisava existir um consenso entre eles. Se alguém conseguia reunir ajuda o bastante para colocar uma ideia em prática, significava que ela devia ser promissora. Ou pelo menos digna de uma tentativa.

E o suricato que se ofereceu para liderar a iniciativa da cura não teve qualquer problema para encontrar alguns poucos dispostos a seguir em frente. Em menos de uma semana a equipe havia bolado uma forma de criar outros seis bichos de palha, nenhum deles perfeitos ou parecidos entre si, mas todos fofinhos e adoráveis. Passadas outras duas semanas, testaram discretamente o efeito dessas criaturinhas gorduchas em quatro suricatos novos e enfermos e em quatro outros feridos. De forma unânime, os filhotes abraçaram aquelas invenções praticamente dia e noite. E, à exceção de um único caso, eles de fato pareceram se recuperar mais depressa e exigindo menos tempo e cuidado por parte dos adultos! A equipe vibrou com os resultados!

NÃO É ASSIM QUE A GENTE TRABALHA AQUI! | 137

No começo, alguns dos betas acreditavam que seriam os únicos com a experiência e a sabedoria necessárias para conceber iniciativas novas e inteligentes. Eles acabaram descobrindo que, mesmo depois de anos e anos de "obedeça as regras e procedimentos", "faça apenas o que foi ordenado" e "é assim que a gente trabalha aqui", muitas ideias criativas e muita energia transbordaram de alguns lugares inesperados e de equipes incomuns de suricatos, que não costumavam trabalhar juntos em suas respectivas funções regulares. Com o tempo e, previsivelmente, após altos e baixos, novos grupos aprenderam a trabalhar bem em conjunto e de uma nova maneira. Tiveram ideias que os suricatos, individualmente ou nos grupos tradicionais, não pareciam capazes de conceber ou enxergar. Eles descobriram ainda modos fascinantes de superar obstáculos, lidar com a esperada resistência à mudança e colocar seus projetos em prática.

Vários de seus êxitos recentes pareciam pequenos e relativamente fáceis de alcançar. Mas, como diz o ditado, de grão em grão a galinha enche o papo. E, ainda que o ritmo fosse mais lento e os conflitos maiores do que Nadia teria desejado, uma nova forma de cooperação estava desabrochando ali.

A roda de líderes se encontrava toda semana para trocar informações, orientar, inspirar e celebrar seus êxitos. Os dois suricatos mais velhos daquele grupo, Nicholas e um dos chefes de família, passaram a se reunir regularmente com Moro, Mara e os outros betas para deixá-los a par das inúmeras iniciativas que estavam em andamento. Isso fez com que Mara e dois dos betas, que ainda temiam o fim da ordem e da disciplina, ficassem um pouco mais tranquilos. Moro parecia crescer a cada reunião, não apenas ao garantir a produtividade dessas sessões, mas como líder.

Ele e alguns dos betas também utilizaram o que vinham aprendendo nessas sessões do lado de fora das reuniões. Passaram a prestar mais atenção nas ações voluntárias e na liderança exercida por suricatos que não ocupavam cargos oficiais de chefia. Em determinadas ocasiões, chegavam a abordar um suricato jovem dizendo a ele o quão orgulhosos estavam de algum projeto bem-sucedido, por menor que fosse, do qual o jovem suricato fizesse parte. Quando perceberam o efeito que isso causava, eles se perguntaram: *como é que nunca agimos assim?*

Exceto pela época em que ainda era novo e pequeno, o clã nunca experimentara tanta empolgação, energia e liderança voltadas para tantas questões e com a participação de tantos suricatos. Eles fizeram um esforço extra para melhorar suas vidas e a vida no clã, não importando que novas circunstâncias aparecessem à frente, fosse o clima, os predadores ou qualquer outra coisa. Ao mesmo tempo, porém, os temores de que a disciplina, os procedimentos inteligentes e outras coisas do gênero fossem extintos ou entrassem em constante conflito com as novas atividades se mostraram, sobretudo exagerados. Em vez disso, com a remoção de todas as pressões e tensões exercidas pelos chefes — a hierarquia, os procedimentos e o restante do modo tradicional de se conduzir o clã —, eles pareciam fazer um trabalho *melhor* ao garantir que a vigília, as tocas, a alimentação e a gestão de famílias ocorressem sem transtornos a cada novo dia. Sem dúvida, alguns betas e outros suricatos exauridos acabaram menos exauridos no fim das contas — e mais satisfeitos com a vida.

Dúzias de suricatos, que certamente nunca se viram como líderes, estavam de fato se tornando, dos mais variados portes. A maioria deles adorava isso, e, mais uma vez, por razões nem sempre fáceis de explicar. Com frequência, suas vidas pareciam mais interessantes ou empolgantes. Era crescente, entre jovens e idosos, o sentimento de que suas vidas adquiriram mais propósito e significado — incluindo, quem sabe, o próprio Moro nessa categoria.

A fazenda continuava a crescer. Seu ótimo desempenho ajudou a manter a complacência bem afastada e criou uma forte crença em torno da necessidade de perseguirem novas oportunidades. E, uma vez que a fazenda já havia funcionado no grupo de Lena, os voluntários precisaram de menos tempo para reunir os planos de ação e os procedimentos para que funcionasse bem. Conforme foi se transformando numa parte cada vez mais essencial da alimentação do que agora era um clã em franco crescimento, pediu-se aos voluntários que entregassem o projeto cinco meses mais tarde a uma beta recém-escolhida, que hoje está oficialmente no comando — para gerenciá-lo com a sua própria equipe, contando ainda com planejamentos, regras, apurações e procedimentos. As análises revelaram que a fazenda produzia 25 por cento de todo o suprimento alimentar do clã, com apenas sete suricatos dedicados a essa tarefa específica.

O trabalho com os bichos de palha se tornou uma iniciativa de cura formalmente reconhecida, reunindo aqueles que mais se importavam com os feridos e os enfermos. Com o tempo, descobriu-se que cuidar dos feridos era na verdade uma habilidade especial, graças às investigações de um tipo de "ciência de suricato". Os alfas decidiram criar uma nova função, a dos cuidadores, e designaram um gestor, que trabalhava no interior de um dos grupos familiares mas servia ao clã inteiro. Quando Nicholas contou a Nadia sobre essa decisão, ela ficou extasiada.

"Isso vai ajudar demais os enfermos e feridos. Essa é mais uma prova de que a ideia de reunir um clã como o de Lena e o nosso antigo para trabalharem juntos, como um só, não é apenas uma esperança idealista e muito menos impraticável." Ela irradiava confiança.

Nicholas concordava. Olhou para algum ponto distante no horizonte, obviamente pensando consigo mesmo.

NÃO É ASSIM QUE A GENTE TRABALHA AQUI! | 143

"Que foi?", perguntou Nadia.

"Eu nunca teria acreditado que os alfas, e muito menos os betas, teriam concordado com toda essa nova atividade."

"Então por que concordaram?", indagou Nadia.

"Ainda não sei bem ao certo", foi a resposta de Nicholas. "Sem dúvida a evidência de que essa grande ideia não é, como você mesma disse, um 'absurdo idealista' — ajudou um bocado. Suas histórias sobre o tempo que passou longe daqui — foram educativas, de verdade — e também ajudaram. A simples empolgação... Sua paixão tem sido como uma doença benigna, passando de um suricato para o outro. Acho que nós, os betas, estamos menos temerosos de perder o controle da situação, de não sermos capazes de agir caso algo novo nos aconteça." Ele fez uma pausa, e então: "Além disso, Moro realmente se colocou à frente. Eu sempre o respeitei. Mas o que ele vem fazendo hoje em dia..."

Nadia por pouco não riu. "Você acabou de dizer que os betas estavam com medo? Vocês agem como se nada conseguisse amedrontá-los."

Nicholas sorriu bem de leve. "Sim, mas isso faz parte da função. Esperam que você sempre aja de maneira destemida."

Depois que a população do clã minguou para cento e dez em meio à crise, um ano mais tarde o grupo chegaria a duzentos membros, e continuava crescendo — a cada dia inovando para o futuro e também desempenhando bem suas funções. Embora apenas alguns dos andarilhos que se juntaram ao clã tivessem conhecimento de causa para sequer especular, alguns sugeriam acertadamente por suas experiências de viagem que não havia nada parecido com aquele clã, aliando o gerenciamento à liderança ao estilo de Lena, em todo o mundo dos suricatos. Eles eram os pioneiros.

Embora nunca tocassem oficialmente nesse assunto, esperava-se de forma bem ampla dentro do clã que o próximo par de alfas viesse a ser tanto Nadia e Nicholas ou Nadia e o novo gestor das tocas: Ayo. No fundo, Nadia adorava a ideia, nem tanto pelo status que isso lhe conferiria (bom, talvez um pouco pelo status), mas pelo enorme privilégio que teria então de ajudar ainda mais na construção de um grande clã.

NÃO É ASSIM QUE A GENTE TRABALHA AQUI!

Conforme as notícias a respeito desse clã se espalharam, o que inevitavelmente aconteceu por conta dos andarilhos, as reações partiram da descrença, passando por um pouco de inveja e, por fim, chegando a uma crescente admiração. Essa admiração só fez crescer junto com a expansão do próprio clã, que continuou lidando bem com o habitat desértico e seus contínuos desafios.

Era realmente uma beleza de se ver.

O fim.
(Bem, ainda não.)

Algumas reflexões sobre a ascensão e a queda (e a nova ascensão) das empresas

A não ser que você simplesmente não goste de fábulas para adultos — e, nesse caso, permita-nos expressar a nossa profunda admiração pela disciplina que você apresentou ao passar da página dez — sua mente já deve ter associado a narrativa às suas experiências na vida real. Que lições poderiam existir para você, para seu empregador ou para a sua escola? De que maneira você pode utilizar essa história para alterar seu planos ou motivar diálogos construtivos que gerem resultados? Além de uma série de questões de ordem prática, principalmente, se você nunca viu nada parecido com isso antes.

Se você já tiver ideias o suficiente, ou quiser digerir um pouco as informações, talvez esteja satisfeito. Deixe o restante do livro de lado, pense e então parta para a ação.

Mas se você tiver mais perguntas do que respostas; quiser algumas explicações; e gostar do tipo mais tradicional de livros de negócios ou de conselhos profissionais, sugerimos que continue a leitura.

Resenhas de nossos primeiros leitores relataram que esta narrativa pode despertar o pensamento em inúmeras áreas: na adaptação a um ambiente mutável, nos desafios de se tornar grande com as complexidades que acompanham o crescimento, no trabalho de equipe mesmo entre pessoas de diferentes setores do conhecimento ou gerações, proporcionando um ambiente aberto a ideias novas e inovadoras, para tornar-se uma empresa em contínuo processo de aprendizagem, lidar com a adversidade, aprender a liderar e entender a diferença entre liderança e gerenciamento — só para citar algumas. Em suma, gostaríamos de direcionar sua atenção para alguns aspectos que são particularmente importantes para conduzir a si mesmo e aos demais por esse mundo complexo, veloz e com muitas perturbações para os nossos habitats de negócios públicos e familiares. Esses são alguns dos fatores que, acreditamos, estão por trás da ascensão, da queda e da possibilidade de ascender novamente, nos dias de hoje.

Liderança e gerenciamento

O aspecto mais fundamental dentre os vários aqui existentes tem a ver com a natureza do que chamamos de "gerenciamento", a natureza da "liderança" e o que cada uma proporciona quando executada de maneira eficaz. Se falar com pessoas suficientes, você irá se deparar, tal como aconteceu conosco, com respostas muito diferentes e por vezes contraditórias para perguntas envolvendo gerenciamento e liderança. As duas palavras costumam ser usadas como de modo intercambiável, sugerindo que significam basicamente a mesma coisa. Mas a verdade é que não significam.

Gerenciamento e liderança são *bastante* distintas no que se refere aos seus respectivos planos de ação, procedimentos e comportamentos. Uma visão escrita de maneira autêntica e persuasiva é capaz de nos fazer enxergar, em uma única página, um caminho que precisamos atravessar. Esse texto, porém, está bem distante de um detalhado e atencioso plano operacional de cem (ou quinhentas) páginas. Um processo de inclusão e comunicação cuidadosamente criado para ajudar na formação de um grupo motivado e ansioso para

152 | JOHN KOTTER E HOLGER RATHGEBER

se juntar à sua jornada e avançar por uma determinada direção é algo bem diferente de um plano de execução com orçamentos, organogramas, descrições de cada função e um foco no "conjunto de habilidades" exato para executar uma tarefa. Inspirar e encorajar pessoas, conquistar seus corações e mentes e criar energia suficiente para sobrepor obstáculos frustrantes não são o mesmo que apurar os resultados e premiar ou punir as pessoas tomando por base essas aferições.

Gerenciamento	Liderança
· Planejar · Orçar · Organizar · Preencher vagas · Apurar · Solucionar problemas · Desempenhar o que sabemos fazer de melhor a fim de obter resultados confiáveis e eficientes, de maneira constante.	· Estabelecer uma direção · Formar equipes · Motivar · Inspirar · Mobilizar as pessoas para que enxerguem as oportunidades, superem os obstáculos e avancem de maneira mais rápida, ágil e inovadora na direção de um futuro próspero.

Com igual frequência ouvimos que a liderança tem tudo a ver com o grau de hierarquia: que liderança seria o que os alfas fazem, enquanto o gerenciamento seria o que os betas fazem. Mas por acaso não é verdade que atualmente "irmãs e irmãos mais velhos", bem abaixo na hierarquia se comparados aos betas, por vezes exercem uma excelente liderança em suas respectivas áreas, beneficiando a todos? Será que não temos, todos nós, ao menos um exemplo de alfa na vida real que não exerce muita liderança? Seguindo esse mesmo raciocínio, com que frequência não escutamos que liderança é basicamente o que aqueles sujeitos de personalidade mais marcante fazem? Embora saibamos que isso representa apenas parte da verdade, que efeito será que isso tem sobre nós quando tal crença é repetida ano após ano?

Ademais, algumas pessoas têm dito, no mínimo pelas últimas décadas, que a liderança se mostra cada vez mais necessária e benéfica, e ainda que devesse substituir o gerenciamento — que seria inerentemente travado, burocrático e controlador. No entanto, o que acontece com o tamanho e a complexidade quando não existe gerenciamento — como no clã de Lena?

Gerenciamento e liderança servem a dois diferentes propósitos: o primeiro consegue cumprir bem o trabalho regular, de forma confiável e eficiente, mesmo dentro de sistemas excepcionalmente grandes e complexos; o segundo consegue nos motivar, apesar dos obstáculos, a inovar com rapidez, nos impulsionando na direção de um futuro próspero, mesmo com os problemas e oportunidades que nunca deixam de aparecer. O gerenciamento e a liderança não são duas maneiras de se atingir um mesmo fim. Eles servem a diferentes propósitos, ambos essenciais em companhias complexas, que operam em ambientes em constante mudança.

Para uma grande empresa em uma realidade isolada que pouco muda, um bom gerenciamento é indiscutivelmente importante — e, de certa forma, até suficiente. Para uma pequena empresa com a possível intenção de criar um novo nicho de mercado em uma realidade em que os desafios e as oportunidades de amanhã podem mudar bastante de uma hora para a outra, a liderança é o fator-chave, indiscutivelmente. Para qualquer outro caso, incluindo dezenas (se não centenas) de milhares de empresas atualmente, são

NÃO É ASSIM QUE A GENTE TRABALHA AQUI! | 155

as duas coisas: por sua dimensão e sua complexidade (demandando gerenciamento) e por não conseguirem se esconder das incríveis forças tecnológicas (entre outras) que criam as mudanças (demandando liderança).

Gerenciamento e liderança não são elementos incompatíveis em um empreendimento, embora possam por vezes passar essa impressão. Não é uma questão de possuir um "ou" o outro, já que são tão distintos: um enfatizando o controle dos grupos de pessoas, por exemplo; o outro, um grau razoavelmente alto de liberdade de escolha entre as pessoas, que poderiam vir de qualquer um desses grupos. No caso de uma empresa de tamanho considerável, em uma realidade que se move com velocidade e eventuais perturbações, será que o sucesso não exige "e também"? Sem o "e também", será que não se acaba sucumbindo, pelo menos em algum aspecto, tanto pelas falhas do clã original de Nicholas/Nadia quanto pelas do grupo de Lena?

E por que não poderia ser "e também"? Por que não ter controles em uma estrutura hierárquica focada em um planejamento para cumprir o trabalho diário de forma excepcional *e também* um grau considerável de liberdade no interior de uma estrutura de relacionamentos guiada por uma visão clara e direcionada a ajudar as pessoas a inovar, remover obstáculos, reduzir frustrações e transportar a todos o mais rápido possível rumo ao futuro? Sendo a necessidade a mãe da invenção, nossa suspeita é a de que estaremos aprendendo um bocado sobre tudo isso ao longo das próximas décadas.

Eis aqui um novo gráfico capaz de colocar essas estruturas, comportamentos e eventos complexos em perspectiva.

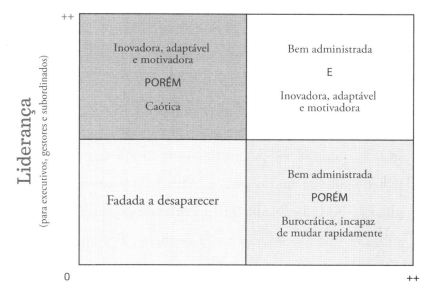

Essa simples tabela merece uma análise minuciosa. Praticamente todas as empresas tendem a crescer do zero, operando no quadrante superior esquerdo. Aquelas que realmente decolam se deslocam com mais frequência para o superior direito, ainda que por pouco tempo, conforme crescem cada vez mais. Elas evitam a mentalidade que elimina a mudança ("sabemos o que estamos fazendo, nossos êxitos são uma prova disso"), mas os mesmos elementos que elas incorporaram para lidar com as crescentes escalas — os sistemas, estruturas e planos de ação — acabam muito facilmente com os métodos ao estilo de Lena, capazes de criar velocidade, agilidade e inovação. E, assim, as empresas despencam para o quadrante inferior direito. Aqueles que não precisam lidar com pressões competitivas fortes costumam criar raízes nessa posição, tornando-se complacentes, entravados, lentos e nem um pouco hábeis em termos de estratégia. Quando as empresas são acometidas por perturbações súbitas e violentas em sua realidade, fica parecendo às vezes que a própria tabela se move para a direita, deixando-as no quadrante inferior esquerdo, onde podem ser esmagadas pela próxima perturbação e de fato desaparecer.

Grande parte das empresas maduras dos dias atuais parecem se encontrar em algum ponto da base direita. Em uma realidade mais lenta, elas apresentariam um bom desempenho em alguns aspectos. Entretanto, esse tipo de habitat está desaparecendo não apenas para os nossos amigos suricatos como também para nós.

Será que esse problema poderia se resolver retornando à realidade do quadrante superior esquerdo, onde reina a liderança, com ações rápidas e inovadoras, poucas regras e nenhum chefe? Para alguns, esse seria um pensamento tentador. Mas, a menos que você seja bem pequeno, não seria ingenuidade pensar assim? A solução é buscar uma nova ascensão, recorrendo a uma estrutura de liderança com gerenciamento, com processos representados pelo quadrante superior direito, onde não se prejudica o gerenciamento e, em lugar disso, emprega-se uma boa dose de liderança.

Outra solução é lutar contra as pressões que defendem a permanência no quadrante superior esquerdo. É compreensível pensar assim, sobretudo quando se tem um líder/empreendedor brilhante. Mas de que modo o resultado não seria sempre a situação enfrentada por Lena?

Criando uma empresa com o melhor dos dois mundos

Vamos aprender agora mesmo o que significa se deslocar para o quadrante superior direito da nossa matriz de liderança/gerenciamento e nele permanecer. Muitos tentam fazer exatamente isso de forma intuitiva. Empresas maduras vêm desenvolvendo a liderança de seus funcionários em grupos bem maiores que no passado, certificando-se de que esse treinamento gire em torno, de fato, da liderança, e não apenas do gerenciamento. Estão incrementando novos grupos em formato de redes (indo além das forças-tarefa entre diferentes departamentos) aos seus sistemas de gerenciamento, com maior agressividade e criatividade. Vêm tentando motivar mais sua mão de obra do que no passado. Falam com maior frequência sobre liderança e buscam abertamente criar novos líderes. Atualmente, não sabemos ainda a forma ideal de se deslocar para o quadrante superior direito da matriz, caso você seja uma empresa madura operando em algum ponto do quadrante inferior direito. Mas conhecemos uma maneira que pode funcionar — foi a que os nossos amigos suricatos utilizaram.

O processo é representado no diagrama mostrado abaixo. Ele recria o tipo de estrutura dualista que Nadia desenhou na areia e então faz com que funcione de modo a proporcionar um alto grau de gerenciamento e liderança. Ele ajuda as empresas que já ultrapassaram a fase de startup a lidar com a eficiência e a confiança para satisfazer as demandas imediatistas dos dias atuais, apesar do tamanho e da complexidade, e lidar ainda com uma realidade de rápidas mudanças e todas as suas demandas por velocidade, agilidade e inovação.

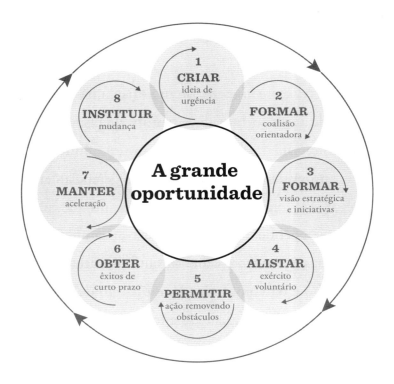

Um sistema dualista também apresenta importantes benefícios adicionais, sobre os quais ainda não temos total conhecimento. Por exemplo, diante da atual guerra por talentos, esse sistema pode atrair e reter jovens excepcionais que adorariam a oportunidade de assumir responsabilidades mais amplas (e significativas) no começo de suas carreiras.

Eis como funciona:

1. O processo começa com a criação de uma forte ideia de urgência em torno de uma inequívoca e imperdível oportunidade, visando atingir um grande número de indivíduos. A complacência se enfraquece. Uma falsa ideia de urgência produzida pela ansiedade também se enfraquece. Paixão, empolgação e engajamento emocional se fortalecem. Nadia e Nicholas obtiveram isso com a ajuda de um grupo sempre crescente de outros suricatos, incluindo sobretudo Moro, para a incansável tarefa de divulgação daquelas animadoras oportunidades; também por meio da educação; da paixão; e fornecendo evidências de que perseguir novas possibilidades é algo exequível. Descobrimos que o mesmo se dá em companhias de verdade.

2. Com uma urgência verdadeira em torno de uma oportunidade, forma-se um grupo bastante diversificado cujos membros pertençam a áreas e níveis distintos — pessoas ansiosas para oferecer liderança, orientando e coordenando em um novo sistema em formato de redes, a tal ponto que estão dispostas

a basicamente trabalhar em uma jornada dupla: sua tarefa regular dentro da hierarquia e também uma segunda função, na rede de liderança e inovação.

Mais uma vez, deve-se pensar numa startup, com membros novos e antigos, engenheiros e funcionários de vendas trabalhando em equipe, debatendo e avançando com uma velocidade quase incompreensível para uma grande burocracia. No mundo real, já vimos os Moros selecionando os membros desse grupo ou afirmando a seleção que outro realizou, em geral a partir de um grupo bem maior de voluntários, empolgados para participar do "turno da noite".

3. Esse grupo, uma espécie de coalisão orientadora, passa a funcionar como qualquer outra grande unidade empresarial recém-formada. Ele desenvolve iniciativas orientadas por uma visão segundo a qual as oportunidades devem ser aproveitadas. Ele escuta as opiniões de todos, inclusive a dos alfas e dos betas, antes de selecionar as iniciativas, e raramente persegue alguma delas se não conseguir convencer

os Moros daquela realidade de que tal ideia possui potencial.

4. Ocorre uma comunicação ininterrupta a respeito das iniciativas, de modo que, influenciados por aquela forte ideia de urgência, voluntários suficientes para realizar a tarefa se juntarão ao projeto. É incrível, por exemplo, o que cinco por cento dos funcionários de uma empresa com cinco mil empregados conseguem realizar num espaço de poucos meses se forem oferecidas as condições adequadas. Temos observado isso de forma recorrente.

5. De um modo geral, muitas das façanhas que realizamos se devem menos a invenções totalmente originais do que a identificação de ideias que já existem mas passam despercebidas pelos outros (como a criaturinha fofa do nosso suricato, que levou à iniciativa de cura), ou então tomar a frente de ideias que ainda não puderam ser implementadas, derrubar os obstáculos existentes e, por fim, executá-las.

6. Êxitos — conquistados, divulgados e celebrados — são capazes de gerar mudanças e de nos impul-

sionar. Pelo que descobrimos, quanto mais "êxitos" dispusermos em nosso horizonte, mais rápido os conquistaremos, maior a eficácia com que serão divulgados, e, quanto mais forem celebrados, melhor.

7. Alcançado um determinado número de êxitos, é necessário garantir que a ideia de urgência não se enfraqueça, selecionando novas iniciativas que sejam estrategicamente importantes e preservando a continuidade de todos os processos.

8. Em algum momento, grandes êxitos acabam sendo institucionalizados no interior da estrutura hierárquica, tal como a fazenda de insetos dos suricatos se tornou um novo departamento de cultivo, com direito a um gestor e a uma equipe. Tendo resultados concretos nas mãos, os voluntários desejarão entregar esses êxitos aos cuidados de outros e os alfas desejarão que sejam incorporados à hierarquia, para garantir sua confiabilidade e eficiência.

Boa parte disso foi descoberta por um de nós — Kotter — anos atrás. Hoje, porém, nesse mundo tão dinâmico, o método básico cresceu e evoluiu de três formas particularmente notáveis. Em primeiro lugar, não é mais uma pilha de processos que você retira da gaveta do arquivo uma vez a cada cinco, dez ou quinze anos. Em um mundo que muda com mais intensidade e rapidez, os processos, uma vez iniciados, precisam continuar em andamento. Em segundo lugar, ele requer muito mais pessoas do que antes, engajadas não apenas na cooperação para implementar as ideias visionárias do melhor gerenciamento disponível, mas na descoberta de ideias; no enfrentamento de todos os obstáculos institucionais e ligados à atitude para a implementação de mudanças; e na motivação de grandes grupos visando agir de novas maneiras — em outras palavras, no apoio à liderança. Em terceiro lugar, a fim de possibilitar as duas formas anteriores, ele precisa de um segundo componente trabalhando na mais perfeita harmonia com uma hierarquia tradicional de gerenciamento, algo que mais se assemelha a uma startup de grande sucesso. E os próprios processos descritos acima fazem exatamente isso, apesar do fato de as empresas maduras terem uma tendência inerente de descartar ou marginalizar tudo que se assemelha a uma estrutura empresarial mais igualitária, fluida, inovadora e veloz.

Sendo realista, como é possível reunir, de certo modo, o melhor dos dois mundos, um possuindo confiabilidade e eficiência, enquanto o outro oferece agilidade, velocidade e inovação? Primeiro e mais importante de tudo, os processos, quando introduzidos conforme a descrição acima, podem desarmar as muitas fontes de resistência erguidas no interior das hierarquias gerenciais, as quais naturalmente descartam ou limitam o desenvolvimento e o uso das redes empresariais de liderança. Os processos podem desarmar o incrivelmente poderoso mantra do "não é assim que a gente trabalha aqui". Uma verdadeira urgência espalhada por grandes números de pessoas envolvendo uma oportunidade real, que não só é enxergada do ponto de vista intelectual como também é sentida do emocional — são fatores decisivos. A educação também ajuda, em especial no nível dos betas e dos alfas. Mas êxitos que demonstram a viabilidade e a força de um sistema diferente são essenciais; a ação inspirada apenas pelas palavras é sempre limitada, sobretudo quando estamos lidando com o novo e o incerto. Foi o que aconteceu no mundo dos nossos suricatos, e o que temos visto recentemente no nosso mundo humano, repetidas vezes.

Se você, como a vasta maioria de nós, passou a vida inteira em empresas de quadrante inferior direito, talvez tenha uma penca de perguntas que demandariam mais uma centena de páginas para responder. E isso, obviamente, acabaria com as virtudes de um livro curto. Mas nós temos duas saídas para você: um livro em um formato tradicional, de aconselhamento profissional, intitulado *Acelere* (de Kottler, publicado no Brasil pela HSM) e um rico material disponível na página Kotter International, na internet.

Eis aqui uma outra sugestão como forma de adentrar nesses assuntos em maior profundidade. *Não guarde* este livro na sua estante. Em vez disso, passe-o adiante e utilize-o para iniciar conversas sobre o seu departamento, escritório, divisão ou firma. Os leitores dos esboços deste manuscrito partilharam uma cópia antes dos encontros já agendados (a sessão anual de planejamento estratégico) ou com antecedência a sessões especialmente marcadas (um grupo de dez durante um longo almoço). As discussões pareciam tomar uma forma natural e própria, começando pelos comentários sobre a história dos nossos suricatos, em seguida serpenteando rumo à conversa sobre a empresa em questão. Onde nos encontramos naquela matriz de dois por dois? Por que ali? Quais são as consequências? Existem desafios específicos com os quais não estamos lidando muito bem? Ou oportunidades que estão sendo desperdiçadas por conta do modo como operamos? Será que já tentamos mudar? O que funcionou e o que deu errado? Quais são as nossas maiores oportunidades? E assim por diante...

Temos sido massacrados por ideias sobre controle, cartas de apresentação de projetos, forças-tarefa, estruturas entre chefes e subordinados, apurações e coisas do gênero, em geral ao longo de toda a nossa carreira. Dadas as circunstâncias, naturalmente tememos "jogar pela janela" tudo o que sabemos, mas não é esse o nosso objetivo aqui. Trata-se de adição, e não de subtração. Sucumbir a esse temor natural no momento em que enfrentamos desafios estratégicos novos e mais frequentes não nos fará nenhum bem.

Graças a uma urgência cada vez maior em torno de uma oportunidade, instrução, apoio dos superiores, um ímpeto crescente instilado pelos êxitos das iniciativas e uma maneira harmônica de operar entre dois sistemas bastante diferentes entre si, é possível fazer como os suricatos fizeram. Já vimos bem de perto casos bem-sucedidos, muitas e muitas vezes.

E, sim, essa experiência = é algo de fantástico potencial.

Os autores

John Kotter é um premiado professor emérito de liderança da Faculdade de Negócios de Harvard (HBS), um autor best-seller do *New York times*, uma autoridade renomada em mentalidade empresarial e um dos fundadores da Kotter International, localizada em Seattle e em Boston.

Holger Rathgeber é um ex-executivo de uma corporação internacional de produtos médicos, coautor (com Kotter) do best-seller mundial *Nosso iceberg está derretendo* e um dos diretores da Kotter International.

Kotter International é um novo gênero de empresa de consultoria que ajuda outras companhias a utilizarem o máximo de sua energia para alcançar resultados estratégicos sustentáveis mais depressa do que seus líderes julgavam possível. Ela também ajuda os líderes a construírem empresas sustentáveis que demonstrem rapidez e agilidade, bem como confiabilidade e eficiência. Caso tenha gostado do livro, aguardamos a sua visita em **www.kotterinternational.com**.

Ficou com alguma dúvida?

Pode falar.

John.Kotter@KotterInternational.com

O fim.

(De verdade, agora.)

Este livro foi composto na tipologia Adobe Garamond Pro,
em corpo 13/22, e impresso em offset 90g/m²
na Prol Gráfica e Editora.